明史

清 張廷玉等撰

第一四册

卷一四七至卷一六二（傳）

中華書局

明史卷一百四十七

列傳第三十五

解縉　黃淮　胡廣　金幼孜　胡儼

解縉，字大紳，吉水人。祖子元，爲元安福州判官。兵亂，守義死。父開，太祖嘗召見論元事，欲官之，辭去。

縉幼穎敏，洪武二十一年舉進士。授中書庶吉士。甚見愛重，常侍帝前。一日，帝在大庖西室，諭縉：「朕與爾義則君臣，恩猶父子，當知無不言。」縉即日上封事萬言，略曰：

臣聞令數改則民疑，刑太繁則民玩。國初至今，將二十載，無幾時不變之法，無一日無過之人。嘗聞陛下震怒，鋤根翦蔓，誅其姦逆矣。未聞褒一大善，賞延於世，復及其鄉，終始如一者也。

臣見陛下好觀說苑、韻府雜書與所謂道德經、心經者，臣竊謂甚非所宜也。說苑出於劉向，多戰國縱横之論。韻府出元之陰氏，抄輯穢蕪，略無可採。陛下若喜其便於檢閱，則顧集一二志士儒英，臣請得執筆隨其後，上泝唐、虞、夏、商、周、孔，下及關、閩、濂、洛，根實精明，隨事類別，勒成一經，上接經史，豈非太平制作之一端歟？又今六經殘缺。禮記出於漢儒，踳駁尤甚，宜及時删改。訪求審樂之儒，大備百王之典，作樂書一經以惠萬世。尊祀伏羲、神農、黄帝、堯、舜、禹、湯、文、武、皐陶、伊尹、太公、周公、稷、契、夷、益、傅說、箕子於太學。孔子則自天子達於庶人，通祀以爲先師，而以顏、曾、子思、孟子配。自閔子以下，各祭於其鄉。魯之闕里，仍建叔梁紇廟，贈以王爵，以顏路、曾晳、孔鯉配。一洗歷代之因仍，肇起天朝之文獻，豈不盛哉！

若夫祀天宜復掃地之規，尊祖宜備七廟之制。奉天不宜爲筵宴之所，文淵未備夫館閣之隆。太常非俗樂之可肄，官妓非人道之所爲。禁絕倡優，易置寺閹。執戟陛墀，皆爲吉士，虎賁趣馬，悉用俊良。除山澤之禁稅，蠲務鎮之征商。木輅朴居，而土木之工勿起。布墾荒田，而四裔之地勿貪。釋、老之壯者驅之，俾復於人倫。經咒之妄者火之，俾絕其欺誑。絕鬼巫，破淫祀，省冗官，減細縣，痛懲法外之威刑，永革京城之工役。流十年而聽復，杖八十以無加。婦女非帷薄不修，毋令逮繫。大臣有過惡當誅，不宜加辱。治曆明時，授民作事，但申播植之宜，何用建除之謬。所宜著者，日月之行，星辰之次，仰觀俯察，事合逆順，七政之齊，正此類也。

近年以來，臺綱不肅，以刑名輕重爲能事，以問囚多寡爲勳勞，甚非所以勵淸要、長風采也。御史糾彈，皆承密旨，每聞上有赦宥，則必故爲執持，意謂如此，則上恩愈重。此皆小人趨媚効勞之細術，陛下何不肝膽而鏡照之哉。

陛下進人不擇賢否，授職不量重輕。建不爲君用之法，所謂取之盡錙銖，置朋姦倚法之條，所謂用之如泥沙。監生進士，經明行修，而多屈於下僚。孝廉人材，冥蹈瞽趨，而或布於朝省。椎埋嚚悍之夫，闒茸下愚之輩，朝捐刀鑷，暮擁冠裳，左棄筐篋，右綰組符。是故賢者羞爲之等列，庸人悉習其風流。以貪婪苟免爲得計，以廉潔受刑爲飾辭。出於吏部者無賢否之分，入於刑部者無枉直之判。天下皆謂陛下任喜怒爲生殺，而不知皆臣下之乏忠良也。

古者善惡，鄉鄰必記。今雖有申明旌善之舉，而無黨庠鄉學之規，互知之法雖嚴，訓告之方未備。臣欲求古人治家之禮，睦鄰之法，若古藍田呂氏之鄉約，今義門鄭氏之家範，布之天下。世臣大族，率先以勸，旌之復之，爲民表帥，將見作新於變，至於比屋可封不難矣。

陛下天資至高，合於道微。神怪妄誕，臣知陛下洞矚之矣。然猶不免所謂神道設敎者，臣謂不必然也。一統之輿圖已定矣，一時之人心已服矣，一切之姦雄已慴矣。天無變災，民無患害，聖躬康寧，聖子聖孫繼繼繩繩，所謂得眞符者矣。何必興師以取寶爲名，諭衆以神仙爲徵應也哉。

臣觀地有盛衰，物有盈虛，而商稅之征，率皆定額。是使其或盈也，姦黠得以侵欺；其歉也，良善困於補納。夏稅一也，而茶椒有糧，菓絲有稅。既稅於所產之地，又稅於所過之津，何其奪民之利至於如此之密也。且多貧下之家，不免拋荒之咎。今日之土地，無前日之生植，而今日之徵聚，有前日之稅糧。或賣產以供稅，產去而稅存；或賠辦以當役，役重而民困。土田之高下不均，起科之輕重無別，膏腴而稅反輕，瘠鹵而稅反重。欲拯困而革其弊，莫若行授田均田之法，兼行常平義倉之舉。積之以漸，至有九年之食無難者。

臣聞仲尼曰：「王公設險以守其國。」近世狃於晏安，墮名城，銷鋒鏑，禁兵諱武，以爲太平。一旦有不測之虞，連城望風而靡。及今宜敕有司整葺，寬之以歲月，守之以里胥，頷設弓手，兼教民兵。開武舉以收天下之英雄，廣鄉校以延天下之俊乂。古時多有書院學田，貢士有莊，義田有族，皆宜興復而廣益之。

夫罪人不孥，罰弗及嗣。連坐起於秦法，孥戮本於僞書。今之爲善者妻子未必蒙縈，有過者里胥必陷其罪。況律以人倫爲重，而有給配婦女之條，聽之於不義，則又何取夫節義哉。此風化之所由也。

孔子曰：「名不正則言不順。」尙書、侍郎，內侍也，而以加於六卿。郎中、員外，內職也，而以名於六屬。御史詞臣，所以居寵臺閣，郡守縣令，不應迴避鄉邦。同寅協恭，相倡以禮。而今內外百司捶楚屬官，甚於奴隸。是使柔懦之徒，蕩無廉恥，進退奔趨，肌膚不保，甚非所以長孝行、勵節義也。臣以爲自今非犯罪惡解官，笞杖之刑勿用，催科督厲，小有過差，蒲鞭示辱，亦足懲矣。

臣但知罄竭愚衷，急於陳獻，略無次序，惟陛下幸垂鑒焉。

書奏，帝稱其才。已，復獻太平十策，文多不錄。

縉嘗入兵部索皂隸，語嫚。尙書沈溍以聞。帝曰：「縉以冗散自恣耶。」命改爲御史。韓國公李善長得罪死，縉代郎中王國用草疏白其冤。又爲同官夏長文草疏，劾都御史袁泰。泰深銜之。時近臣父皆得入覲。縉父開至，帝謂曰：「大器晚成，若以而子歸，益令進學，後十年來，大用未晚也。」

歸八年，太祖崩，縉入臨京師。有司劾縉違詔旨，且母喪未葬，父年九十，不當舍以行。謫河州衞吏。時禮部侍郎董倫方爲惠帝所信任，縉因寓書於倫曰：「縉率易狂愚，無所避忌，數上封事，所言分封勢重，萬一不幸，必有厲長、吳濞之虞。郁哈朮來歸，欽承顧問，謂宜待之有禮，稍忤機權，其徒必貳。此類非一，頗皆億中。又嘗爲王國用草諫書，言韓國事，爲詹徽所疾，欲中以危法。伏蒙聖恩，申之慰諭，重以錫賜，令以十年著述，冠帶來廷。元史舛誤，承命改修，及踵成宋書，刪定禮經，凡例皆已留中。奉親之暇，杜門纂述，漸有次第，洊將八載。賓天之訃忽聞，痛切欲絕。母喪在殯，未遑安厝，家有九十之親，倚門望思，皆不暇戀，冀一拜山陵，隕淚九土。何圖詿誤，蒙恩遠行。揚、粤之人，不耐寒暑，復多疾病，俯仰奔趨，伍於吏卒，誠不堪忍。晝夜涕泣，恒懼不測，負平生之心，抱萬古之痛。是以數鳴知感。冀還京師，得望天顏，或遂南還，父子相見，卽更生之日也。」倫乃薦縉，召爲翰林待詔。

成祖入京師，擢侍讀，命與黃淮、楊士奇、胡廣、金幼孜、楊榮、胡儼並直文淵閣，預機務。內閣預機務自此始。

尋進侍讀學士，奉命總裁太祖實錄及列女傳。書成，賜銀幣。永樂二年，皇太子立，進縉翰林學士兼右春坊大學士。帝嘗召縉等曰：「爾七人朝夕左右，朕嘉爾勤愼，時言之宮中。恒情，愼初易，保終難，願共勉焉。」因各賜五品服，命七人命婦朝皇后於柔儀殿，后勞賜備至。又以立春日賜縉等金綺衣，與尙書埒。縉等入謝，帝曰：「代言之司，機密所繫，且旦夕侍朕，裨益不在尙書下也。」一日，帝御奉天門，諭六科諸臣直言，因顧縉等曰：「王、魏之風，世不多有。若使進言者無所懼，聽言者無所忤，天下何患不治，朕與爾等共勉之。」其年秋，胡儼出爲祭酒，縉等六人從容獻納。帝嘗虛己以聽。

縉少登朝，才高，任事直前，表裏洞達。引拔士類，有一善稱之不容口。然好臧否，無顧忌，廷臣多害其寵。又以定儲議，爲漢王高煦所忌，遂致敗。先是，儲位未定，淇國公丘福言漢王有功，宜立。帝密問縉。縉稱：「皇長子仁孝，天下歸心。」帝不應。縉又頓首曰：「好聖孫。」謂宣宗也。帝頷之。太子遂定。高煦由是深恨縉。會大發兵討安南，縉諫。不聽。卒平之，置郡縣。而太子既立，又時時失帝意。高煦寵益隆，禮秩踰嫡。縉又諫曰：「是啓爭也，不可。」帝怒，謂其離間骨肉，恩禮寖衰。四年賜黃淮等五人二品紗羅衣，而不及縉。久之，福等議稍稍傳達外廷，高煦遂譖縉洩禁中語。明年，縉坐廷試讀卷不公，謫廣西布政司參議。既行，禮部郎中李至剛言縉怨望，改交阯，命督餉化州。

永樂八年，縉奏事入京，値帝北征，縉謁皇太子而還。漢王言縉伺上出，私覲太子，徑歸，無人臣禮。帝震怒。縉時方偕檢討王偁道廣東，覽山川，上疏請鑿贛江通南北。奏至，逮縉下詔獄，拷掠備至。詞連大理丞湯宗，宗人府經歷高得暘，中允李貫，贊善王汝玉，編修朱紘，檢討蔣驥、潘畿、蕭引高幷及至剛，皆下獄。汝玉、貫、紘、引高、得暘皆瘐死。十三年，錦衣衛帥紀綱上囚籍。帝見縉姓名曰：「縉猶在耶？」綱遂醉縉酒，埋積雪中，立死。年四十七。籍其家，妻子宗族徙遼東。

方縉居翰林時，內官張興恃寵笞人左順門外。縉叱之，興斂手退。帝嘗書廷臣名，命縉各疏其短長。縉言：「蹇義天資厚重，中無定見。夏原吉有德量，不遠小人。劉儁有才幹，不知顧義。鄭賜可謂君子，頗短於才。李至剛誕而附勢，雖才不端。黃福秉心易直，確有執守。陳瑛刻於用法，尚能持廉。宋禮戇直而苛，人怨不卹。陳洽疏通警敏，亦不失正。方賓簿書之才，駔儈之心。」帝以付太子，太子因問尹昌隆、王汝玉。縉對曰：「昌隆君子而量不弘。汝玉文翰不易得，惜有市心耳。」後仁宗卽位，出縉所疏示楊士奇曰：「人言縉狂，觀所論列，皆有定見，不狂也。」詔歸縉妻子宗族。

縉初與胡廣同侍成祖宴。帝曰：「爾二人生同里，長同學，仕同官。縉有子，廣可以女妻之。」廣頓首曰：「臣妻方娠，未卜男女。」帝笑曰：「定女矣。」已而果生女，遂約婚。縉敗，子禎亮徙遼東，廣欲離婚。女截耳誓曰：「薄命之婚，皇上主之，大人面承之，有死無二。」及赦還，卒歸禎亮。

正統元年八月詔還所籍家產。成化元年復縉官，贈朝議大夫。始縉言漢王及安南事得禍。後高煦以叛誅。安南數反，置吏未久，復棄去。悉如縉言。

縉兄綸，洪武中，亦官御史，性剛直。後改應天教授。子禎期，以書名。

黃淮，字宗豫，永嘉人。父性，方國珍據溫州，遁跡避僞命。淮舉洪武末進士，授中書舍人。成祖即位，召對稱旨，命與解縉常立御榻左，備顧問。或至夜分，帝就寢，猶賜坐榻前語，機密重務悉預聞。旣而與縉等六人並直文淵閣，改翰林編修，進侍讀。議立太子，淮請立嫡以長。太子立，遷左庶子兼侍讀。永樂五年，解縉黜，淮進右春坊大學士。明年與胡廣、金幼孜、楊榮、楊士奇同輔導太孫。七年，帝北巡，命淮及蹇義、金忠、楊士奇輔皇太子監國。十一年再北巡，仍留守。明年，帝征瓦剌還，太子遣使迎稍緩，帝重入高煦譖，悉徵東宮官屬下詔獄，淮及楊溥、金問皆坐繫十年。

仁宗卽位，復官。尋擢爲通政使，兼武英殿大學士，與楊榮、金幼孜、楊士奇同掌內制。丁母憂，乞終制。不許。明年進少保、戶部尙書，兼大學士如故。仁宗崩，太子在南京。漢王久蓄異志，中外疑懼，淮憂危嘔血。宣德元年，帝親征樂安，命淮居守。明年以疾乞休，許之。父性年九十，奉養甚歡。及性卒，賜葬祭，淮詣闕謝。値燈時，賜遊西苑，詔乘肩輿登萬歲山。命主會試。比辭歸，餞之太液池，帝爲長歌送之，且曰：「朕生日，卿其復來。」明年入賀。英宗立，再入朝。正統十四年六月卒。年八十三，諡文簡。

淮性明果，達於治體。永樂中，長沙妖人李法良反。仁宗方監國，命豐城侯李彬討之。漢王忌太子有功，詭言彬不可用。淮曰：「彬，老將，必能滅賊，願急遣。」彬卒擒法良。又時有告黨逆者。淮言於帝曰：「洪武末年已有赦禁，不宜復理。」吏部追論「靖難」兵起時，南人官北地不卽歸附者，當編戍。淮曰：「如是，恐示人不廣。」帝皆從之。阿魯台歸款，請得役屬吐蕃諸部。求朝廷刻金作誓詞，磨其金酒中，飲諸酋長以盟。衆議欲許之。淮曰：「彼勢分則易制，一則難圖矣。」帝顧左右曰：「黃淮論事，如立高岡，無遠不見。」西域僧大寶法王來朝，帝將刻玉印賜之，以璞示淮。淮曰：「朝廷賜諸番制敕，用『敕命』、『廣運』二寶。今此玉較大，非所以示遠人、尊朝廷。」帝嘉納。其獻替類如此。然量頗隘。同列有小過，輒以聞。或謂解縉之謫，淮有力焉。其見疎於宣宗也，亦謂楊榮言淮病瘵，能染人云。

胡廣，字光大，吉水人。父子祺，名壽昌，以字行。陳友諒陷吉安，太祖遣兵復之，將殺脅從者千餘人。子祺走謁帥，力言不可，得免。洪武三年以文學選爲御史，上書請都關中。帝稱善，遣太子巡視陝西，後以太子薨，不果。子祺出爲廣西按察僉事，改知彭州。所至平冤獄，毁淫祀，修廢堰，民甚德之。遷延平知府，卒於任。廣，其次子也。建文二年廷試，時方討燕，廣對策有「親藩陸梁，人心搖動」語，帝親擢廣第一，賜名靖，授翰林修撰。

成祖卽位，廣偕解縉迎附，擢侍講，改侍讀，復名廣，遷右春坊右庶子。永樂五年進翰林學士，兼左春坊大學士。帝北征，與楊榮、金幼孜從。數召對帳殿，或至夜分。過山川阨塞，立馬議論，行或稍後，輒遣騎四出求索。嘗失道，脫衣乘驏馬渡河，水沒馬及腰以上，帝顧勞良苦。廣善書，每勒石，皆命書之。十二年再北征，皇長孫從，命廣與榮、幼孜軍中講經史。十四年進文淵閣大學士，兼職如故。帝徵烏思藏僧作法會，爲高帝、高后薦福，言見諸祥異。廣乃獻聖孝瑞應頌。帝綴爲佛曲，令宮中歌舞之。禮部郎中周訥請封禪。廣言其不可，遂不許。廣上却封禪頌，帝益親愛之。

廣性縝密。帝前所言及所治職務，出未嘗告人。時人以方漢胡廣。然頗能持大體。奔母喪還朝，帝問百姓安否。對曰：「安，但郡縣窮治建文時姦黨，株及支親，爲民厲。」帝納其言。十六年五月卒，年四十九。贈禮部尚書，謚文穆。文臣得謚，自廣始。喪還，過南京，太子爲致祭。明年官其子穜翰林檢討。仁宗立，加贈廣少師。

金幼孜，名善，以字行，新淦人。建文二年進士。授戶科給事中。成祖卽位，改翰林檢討，與解縉等同直文淵閣，遷侍講。時翰林坊局臣講書東宮，皆先具經義，閣臣閱正，呈帝覽，乃進講。解縉書，楊士奇易，胡廣詩，幼孜春秋，因進春秋要旨三卷。

永樂五年遷右諭德兼侍講，因諭吏部，直內閣諸臣胡廣、金幼孜等考滿，勿改他任。七年從幸北京。明年北征，幼孜與廣、榮扈行，駕駐清水源，有泉湧出。幼孜獻銘，榮獻詩，皆勞以上尊。帝重幼孜文學，所過山川要害，輒命記之。幼孜據鞍起草立就。使自瓦剌來，帝召幼孜等傍輿行，言敵中事，親倚甚。嘗與廣、榮及侍郞金純失道陷谷中。暮夜，幼孜墜馬，廣、純去不顧。榮爲結鞍行，行又輒墜，榮乘以己騎，明日始達行在所。是夜，帝遣使十餘輩迹榮、幼孜，不獲。比至，帝喜動顏色。自後北征皆從，所撰有北征前後二錄。十二年命與廣、榮等纂五經四書性理大全，遷翰林學士。十八年與榮並進文淵閣大學士。

二十二年從北征，中道兵疲，帝以問羣臣。莫敢對，惟幼孜言不宜深入，不聽。次開平，帝謂榮、幼孜曰：「朕夢神人語上帝好生者再，是何祥也？」榮、幼孜對曰：「陛下此舉，固在除暴安民。然火炎崑岡，玉石俱燬，惟陛下留意。」帝然之，卽命草詔，招諭諸部。還軍至榆木川，帝崩。祕不發喪。榮訃京師，幼孜護梓宮歸。

仁宗卽位，拜戶部右侍郞兼文淵閣大學士。尋加太子少保兼武英殿大學士。是年十月命幼孜、榮、士奇會錄罪囚於承天門外。詔法司，錄重囚必會三學士，委寄益隆。帝御西角門閱廷臣制誥，顧三學士曰：「汝三人及蹇、夏二尚書，皆先帝舊臣，朕方倚以自輔。嘗見前代人主惡聞直言，雖素所親信，亦畏威順旨，緘默取容。賢良之臣，言不見聽，退而杜口。朕與卿等當深用爲戒。」因取五人誥詞，親增二語云：「勿謂崇高而難入，勿以有所從違而或怠。」幼孜等頓首稱謝。洪熙元年進禮部尚書兼大學士、學士如故，並給三俸。尋乞歸省母。明年，母卒。

宣宗立，詔起復，修兩朝實錄，充總裁官。三年持節寧夏，册慶府郡王妃。所過詢兵民疾苦，還奏之，帝嘉納焉。從巡邊，度雞鳴山。帝曰：「唐太宗恃其英武征遼，嘗過此山。」幼孜對曰：「太宗尋悔此役，故建憫忠閣。」帝曰：「此山崩於元順帝時，爲元亡徵。」對曰：「順帝亡國之主，雖山不崩，國亦必亡。」宣德六年十二月卒。年六十四。贈少保，謚文靖。

幼孜簡易靜默，寬裕有容。眷遇雖隆，而自處益謙。名其宴居之室曰「退庵」。疾革時，家人囑請身後恩，不聽，曰：「此君子所恥也。」

胡儼，字若思，南昌人。少嗜學，於天文、地理、律曆、醫卜無不究覽。洪武中以舉人授華亭教諭，能以師道自任。母憂，服除，改長垣，乞便地就養，復改餘干。學官許乞便地自儼始。

建文元年薦授桐城知縣。鑿桐陂水，溉田爲民利。縣有虎傷人。儼齋沐告於神，虎遁去。桐人祀之朱邑祠。四年，副都御史練子寧薦於朝曰：「儼學足達天人，智足資帷幄。」比召至，燕師已渡江。

成祖卽位，曰：「儼知天文，其令欽天監試。」旣試，奏儼實通象緯、氣候之學。尋又以解縉薦，授翰林檢討，與縉等俱直文淵閣，遷侍講，進左庶子。父喪，起復。儼在閣，承顧問，嘗不欲先人，然少戇。永樂二年九月拜國子監祭酒，遂不預機務。時用法嚴峻，國子生託事告歸者坐戍邊。儼至，卽奏除之。七年，帝幸北京，召儼赴行在。明年北征，命以祭酒兼侍講，掌翰林院事，輔皇太孫留守北京。十九年改北京國子監祭酒。

當是時，海內混一，垂五十年。帝方內興禮樂，外懷要荒，公卿大夫彬彬多文學之士。儼館閣宿儒，朝廷大著作多出其手，重修太祖實錄、永樂大典、天下圖誌皆充總裁官。居國學二十餘年，以身率教，動有師法。洪熙改元，以疾乞休，仁宗賜敕奬勞，進太子賓客，仍兼祭酒。致仕，復其子孫。

宣宗卽位，以禮部侍郎召，辭歸。家居二十年，方岳重臣咸待以師禮。儼與言，未嘗及私。自處淡泊，歲時衣食纔給。初爲湖廣考官，得楊溥文，大異之，題其上曰：「必能爲董子之正言，而不爲公孫之阿曲。」世以爲知人。正統八年八月卒，年八十三。

贊曰：明初罷丞相，分事權於六部。成祖始命儒臣直文淵閣，預機務。沿及仁、宣，而閣權日重，實行丞相事。解縉以下五人，則詞林之最初入閣者也。夫處禁密之地，必以公正自持，而尤貴於厚重不洩。縉少年高才，自負匡濟大略，太祖俾十年進學，愛之深矣。彼其動輒得謗，不克令終，夫豈盡嫉賢害能者力固使之然歟。黃淮功在輔導，胡廣、金幼孜勞著扈從，胡儼久於國學。觀諸臣從容密勿，隨事納忠，固非僅以文字翰墨爲勳績已也。

明史卷一百四十八

列傳第三十六

楊士奇　楊榮 曾孫旦　楊溥 馬愉

楊士奇，名寓，以字行，泰和人。早孤，隨母適羅氏，已而復宗。貧甚。力學，授徒自給。多游湖、湘間，館江夏最久。建文初，集諸儒修太祖實錄，士奇已用薦徵授教授當行，王叔英復以史才薦。遂召入翰林，充編纂官。尋命吏部考第史館諸儒。尙書張紞得士奇策，曰：「此非經生言也。」奏第一。授吳王府審理副，仍供館職。成祖卽位，改編修。已，簡入內閣，典機務，數月進侍講。〔一〕

永樂二年選宮僚，以士奇爲左中允。五年進左諭德。士奇奉職甚謹，私居不言公事，雖至親厚不得聞。在帝前，舉止恭愼，善應對，言事輒中。人有小過，嘗爲掩覆之。廣東布政使徐奇載嶺南土物饋廷臣，或得其目籍以進。帝閱無士奇名，召問。對曰：「奇赴廣時，羣臣作詩文贈行，臣適病弗預，以故獨不及。今受否未可知，且物微，當無他意。」帝遽命燬籍。

六年，帝北巡，命與蹇義、黃淮留輔太子。太子喜文辭，贊善王汝玉以詩法進。士奇曰：「殿下當留意六經，暇則觀兩漢詔令。詩小技，不足爲也。」太子稱善。

初，帝起兵時，漢王數力戰有功。帝許以事成立爲太子。既而不得立，怨望。帝又憐趙王年少，寵異之。由是兩王合而間太子，帝頗心動。九年還南京，召士奇問監國狀。士奇以孝敬對，且曰：「殿下天資高，卽有過必知，知必改，存心愛人，決不負陛下託。」帝悅。十一年正旦，日食。禮部尙書呂震請勿罷朝賀。侍郞儀智持不可。士奇亦引宋仁宗事力言之。遂罷賀。明年，帝北征。士奇仍輔太子居守。漢王譖太子益急。帝還，以迎駕緩，盡徵東宮官黃淮等下獄。士奇後至，宥之。召問太子事。士奇頓首言：「太子孝敬如初。凡所稽遲，皆臣等罪。」帝意解。行在諸臣交章劾士奇不當獨宥，遂下錦衣衞獄，尋釋之。

十四年，帝還京師，微聞漢王奪嫡謀及諸不軌狀，以問蹇義。義不對，乃問士奇。對曰：「臣與義俱侍東宮，外人無敢爲臣兩人言漢王事者。然漢王兩遣就藩，皆不肯行。今知陛下將徙都，輒請留守南京。惟陛下熟察其意。」帝默然，起還宮。居數日，帝盡得漢王事，削兩護衞，處之樂安。明年進士奇翰林學士，兼故官。十九年改左春坊大學士，仍兼學士。

明年復坐輔導有闕，下錦衣衞獄，旬日而釋。

仁宗卽位，擢禮部侍郎兼華蓋殿大學士。帝御便殿，蹇義、夏原吉奏事未退。帝望見士奇，謂二人曰：「新華蓋學士來，必有讜言，試共聽之。」士奇入言：「恩詔減歲供甫下二日，惜薪司傳旨徵棗八十萬斤，與前詔戾。」帝立命減其半。服制二十七日期滿，呂震請卽吉。士奇不可。震厲聲叱之。蹇義兼取二說進。明日，帝素冠麻衣經而視朝。廷臣惟士奇及英國公張輔服如之。朝罷，帝謂左右曰：「梓宮在殯，易服豈臣子所忍言，士奇執是也。」進少保，與同官楊榮、金幼孜並賜「繩愆糾繆」銀章，得密封言事。尋進少傅。

時藩司守令來朝，尙書李慶建議發軍伍餘馬給有司，歲課其駒。士奇曰：「朝廷選賢授官，乃使牧馬，是貴畜而賤士也，何以示天下後世。」帝許中旨罷之，已而寂然。士奇復力言。又不報。有頃，帝御思善門，召士奇謂曰：「朕向者豈眞忘之。聞呂震、李慶輩皆不喜卿，朕念卿孤立，恐爲所傷，不欲因卿言罷耳，今有辭矣。」手出陝西按察使陳智言養馬不便疏，使草敕行之。士奇頓首謝。羣臣習朝正旦儀，呂震請用樂，士奇與黃淮疏止。未報。士奇復奏，待庭中至夜漏十刻。報可。越日，帝召謂曰：「震每事誤朕，非卿等言，悔無及。」命兼兵部尙書，並食三祿。士奇辭尙書祿。

帝監國時，憾御史舒仲成，至是欲罪之。士奇曰：「陛下卽位，詔向忤旨者皆得宥。若治仲戚，則詔書不信，懼者衆矣。如漢景帝之待衞綰，不亦可乎？」帝卽罷弗治。或有言大理卿虞謙言事不密。帝怒，降一官。士奇爲白其罔，得復秩。又大理少卿弋謙以言事得罪。士奇曰：「謙應詔陳言。若加之罪，則羣臣自此結舌矣。」帝立進謙副都御史，而下敕引過。

時有上書頌太平者，帝以示諸大臣，皆以爲然。士奇獨曰：「陛下雖澤被天下，然流徙尙未歸，瘡痍尙未復，民尙艱食。更休息數年，庶幾太平可期。」帝曰：「然。」因顧蹇義等曰：「朕待卿等以至誠，望匡弼。惟士奇曾五上章，卿等皆無一言。豈果朝無闕政，天下太平耶？」諸臣慚謝。是年四月，帝賜士奇璽書曰：「往者朕膺監國之命，卿侍左右，同心合德，徇國忘身，屢歷艱虞，曾不易志。及朕嗣位以來，嘉謨入告，期予於治，正固不二，〔三〕簡在朕心。茲創制『楊貞一印』賜卿，尙克交修，以成明良之譽。」尋修太宗實錄，與黃淮、金幼孜、楊溥俱充總裁官。未幾，帝不豫，召士奇與蹇義、黃淮、楊榮至思善門，命士奇書敕召太子於南京。

宣宗卽位，修仁宗實錄，仍充總裁。宣德元年，漢王高煦反。帝親征，平之。師還，次獻縣之單家橋，侍郎陳山迎謁，言漢、趙二王實同心，請乘勢襲彰德執趙王。榮力贊決。士奇曰：「事當有實，天地鬼神可欺乎？」榮厲聲曰：「汝欲撓大計耶！今逆黨言趙實與謀，何謂無辭？」士奇曰：「太宗皇帝三子，今上惟兩叔父。有罪者不可赦，其無罪者宜厚待之，疑則防之，使無虞而已。何遽加兵，傷皇祖在天意乎？」時惟楊溥與士奇合。將入諫，榮先入，士奇繼之，閽者不納。尋召義、原吉入。二人以士奇言白帝。帝初無罪趙意，移兵事得寢。比還京，帝思士奇言，謂曰：「今議者多言趙王事，奈何？」士奇曰：「趙最親，陛下當保全之，毋惑羣言。」帝曰：「吾欲封羣臣章示王，令自處何如？」士奇曰：「善，更得一璽書幸甚。」於是發使奉書至趙。趙王得書大喜。泣曰：「吾生矣。」卽上表謝，且獻護衞，言者始息。帝待趙王日益親而薄陳山。謂士奇曰：「趙王所以全，卿力也。」賜金幣。

時交阯數叛。屢發大軍征討，皆敗沒。交阯黎利遣人僞請立陳氏後。帝亦厭兵，欲許之。英國公張輔、尙書蹇義以下，皆言與之無名，徒示弱天下。帝召士奇、榮謀。二人力言：「陛下卹民命以綏荒服，不爲無名。漢棄珠厓，前史以爲美談，不爲示弱，許之便。」尋命擇使交阯者。蹇義薦伏伯安口辯。士奇曰：「言不忠信，雖蠻貊之邦不可行。伯安小人，往且辱國。」帝是之，別遣使。於是棄交阯，罷兵，歲省軍興鉅萬。

五年春，帝奉皇太后謁陵，召英國公張輔、尙書蹇義及士奇、榮、幼孜、溥，朝太后於行殿。太后慰勞之。帝又語士奇曰：「太后爲朕言，先帝在青宮，惟卿不憚觸忤，先帝能從，以不敗事。又誨朕當受直言。」士奇對曰：「此皇太后盛德之言，願陛下念之。」尋敕鴻臚寺，士奇老有疾，趨朝或後，毋論奏。帝嘗微行，夜幸士奇宅。士奇倉皇出迎，頓首曰：「陛下奈何以社稷宗廟之身自輕？」帝曰：「朕欲與卿一言，故來耳。」後數日，獲二盜，有異謀。帝召士奇，告之故。且曰：「今而後知卿之愛朕也。」

帝以四方屢水旱，召士奇議下詔寬恤，免災傷租稅及官馬虧額者。士奇因請並蠲逋賦薪芻錢，減官田額，理冤滯，汰工役，以廣德意。民大悅。踰二年，帝謂士奇曰：「恤民詔下已久，今更有可恤者乎？」士奇曰：「前詔減官田租，戶部徵如故。」帝怫然曰：「今首行之，廢格者論如法。」士奇復請撫逃民，察墨吏，舉文學武勇之士，令極刑家子孫皆得仕進。又請廷臣三品以上及二司官，各舉所知，備方面郡守選。皆報可。當是時，帝勵精圖治，士奇等同心輔佐，海內號爲治平。帝乃倣古君臣豫遊事，每歲首，賜百官旬休。車駕亦時幸西苑萬歲山，諸學士皆從，賦詩賡和，從容問民間疾苦。有所論奏，帝皆虛懷聽納。

帝之初卽位也，內閣臣七人。陳山、張瑛以東宮舊恩入，不稱，出爲他官。黃淮以疾致仕。金幼孜卒。閣中惟士奇、榮、溥三人。榮疏闓果毅，遇事敢爲。數從成祖北征，能知邊將賢否，阨塞險易遠近，敵情順逆。然頗通饋遺，邊將歲時致良馬。帝頗知之，以問士奇。士奇力言：「榮曉暢邊務，臣等不及，不宜以小眚介意。」帝笑曰：「榮嘗短卿及原吉，卿乃爲之地耶？」士奇曰：「願陛下以曲容臣者容榮。」帝意乃解。其後，語稍稍聞，榮以此愧士奇，相得甚歡。帝亦益親厚之，先後所賜珍果牢醴金綺衣幣書器無算。

宣宗崩，英宗即位，方九齡，軍國大政關白太皇太后。太后推心任士奇、榮、溥三人，有事遣中使詣閣諮議，然後裁決。三人者亦自信，侃侃行意。士奇首請練士卒，嚴邊防，設南京參贊機務大臣，分遣文武鎮撫江西、湖廣、河南、山東，罷偵事校尉。又請以次蠲租稅，愼刑獄，嚴覈百司。皆允行。正統之初，朝政清明，士奇等之力也。三年，宣宗實錄成，進少師。四年乞致仕。不允。敕歸省墓。未幾，還。

是時中官王振有寵於帝，漸預外庭事，導帝以嚴御下，大臣往往下獄。靖江王佐敬私饋榮金。榮先省墓，歸不之知。振欲借以傾榮，士奇力解之，得已。榮尋卒，士奇、溥益孤。其明年遂大興師征麓川，帑藏耗費，士馬物故者數萬。又明年，太皇太后崩，振勢益盛，大作威福，百官小有牴牾，輒執而繫之。廷臣人人惴恐，士奇亦弗能制也。

士奇既耄，子稷傲很，嘗侵暴殺人。言官交章劾稷。朝議不即加法，封其狀示士奇。復有人發稷橫虐數十事，遂下之理。士奇以老疾在告。天子恐傷士奇意，降詔慰勉。士奇感泣，憂不能起。九年三月卒，年八十。贈太師，謚文貞。有司乃論殺稷。

初，正統初，士奇言瓦剌漸强，將爲邊患，而邊軍缺馬，恐不能禦。請於附近太僕寺關領，西番貢馬亦悉給之。士奇歿未幾，也先果入寇，有土木之難，識者思其言。又雅善知人，好推轂寒士，所薦達有初未識面者。而于謙、周忱、況鍾之屬，皆用士奇薦，居官至一二十年，廉能冠天下，爲世名臣云。

次子穟，以廕補尙寶丞。成化中，進太常少卿，掌司事。

楊榮，字勉仁，建安人，初名子榮。建文二年進士。授編修。成祖初入京，榮迎謁馬首曰：「殿下先謁陵乎，先卽位乎？」成祖遽趣駕謁陵。自是遂受知。旣卽位，簡入文淵閣，爲更名榮。同值七人，榮最少，警敏。一日晚，寧夏報被圍。召七人，皆已出，獨榮在，帝示以奏。榮曰：「寧夏城堅，人皆習戰，奏上已十餘日，圍解矣。」夜半，果奏圍解。帝謂榮曰：「何料之審也。」江西盜起，遣使撫諭，而令都督韓觀將兵繼其後。賊就撫奏至，帝欲賜敕勞觀。榮曰：「計發奏時，觀尙未至，不得論功。」帝益重之，再遷至侍講。太子立，進右諭德，仍兼前職，與在直諸臣同賜二品服。評議諸司事宜，稱旨，復賜衣幣。帝威嚴，與諸大臣議事未決，或至發怒。榮至，輒爲霽顏，事亦遂決。

五年命往甘肅經畫軍務，所過覽山川形勢，察軍民，閱城堡。還奏武英殿。帝大悅。值盛暑，親剖瓜啖之。尋進右庶子，兼職如故。明年以父喪給傳歸。旣葬，起復視事。又明年，母喪乞歸。帝以北行期迫不許，命同胡廣、金幼孜扈從。甘肅總兵官何福言脫脫不花等請降，需命於亦集乃。命榮往甘肅偕福受降，持節卽軍中封福寧遠侯。因至寧夏，與寧陽侯陳懋規畫邊務。還陳便宜十事。帝嘉納之。

八年從出塞，次臚朐河。選勇士三百人爲衞，不以隸諸將，令榮領之。師旋，餉不繼。榮請盡以供御之餘給軍，而令軍中有餘者得相貸，入塞，官爲倍償。軍賴以濟。明年乞奔喪，命中官護行。還詢閩中民情及歲豐歉。榮具以對。尋命侍諸皇孫讀書文華殿。

十年，甘肅守臣宋琥言，叛寇老的罕逃赤斤蒙古，且爲邊患。乃復遣榮至陝西，會豐城侯李彬議進兵方略。榮還奏言，隆冬非用兵時，且有罪不過數人，兵未可出。帝從其言，叛者亦降。明年復與廣、幼孜從北巡。又明年征瓦剌，太孫侍行。帝命榮以間陳說經史，兼領尙寶事。凡宣詔出令，及旗志符驗，必得榮奏乃發。帝嘗晚坐行幄，召榮計兵食。榮對曰：「擇將屯田，訓練有方，耕耨有時，卽兵食足矣。」十四年與金幼孜俱進翰林學士，仍兼庶子，從還京師。明年復從北征。

十六年，胡廣卒，命榮掌翰林院事，益見親任。諸大臣多忌榮，欲疏之，共擧爲祭酒。帝曰：「吾固知其可，第求代榮者。」諸大臣乃不敢言。十八年進文淵閣大學士，兼學士如故。明年定都北京。會三殿災，榮麾衞士出圖籍制誥，舁東華門外。帝褒之。榮與幼孜陳便宜十事。報可。

二十年復從出塞，軍事悉令參決，賚予優渥。師還，勞將士，分四等賜宴，榮、幼孜皆列前席，受上賞。已，復下詔征阿魯台。或請調建文時江西所集民兵。帝問榮。榮曰：「陛下許民復業且二十年，一旦復徵之，非示天下信。」從之。明年從出塞，軍務悉委榮，晝夜見無時。帝時稱楊學士，不名也。又明年復從北征。當是時，帝凡五出塞，士卒饑凍，饋運不繼，死亡十二三。大軍抵答蘭納木兒河，不見敵。帝問羣臣當復進否。羣臣唯唯，惟榮、幼孜從容言宜班師。帝許之。

還次榆木川，帝崩。中官馬雲等莫知所措，密與榮、幼孜入御幄議。二人議，六師在外，去京師尚遠，祕不發喪，以禮斂，鎔錫爲椑，載輿中。所至朝夕進膳如常儀，益嚴軍令，人莫測。或請因他事爲敕，馳報皇太子。二人曰：「誰敢爾！先帝在則稱敕，賓天而稱敕，詐也，罪不小。」衆曰：「然。」乃具大行月日及遺命傳位意，啓太子。榮與少監海壽先馳訃。既至，太子命與蹇義、楊士奇議諸所宜行者。

仁宗卽位，進太常卿，餘官如故。尋進太子少傅、謹身殿大學士。既而有言榮當大行時，所行喪禮及處分軍事狀。帝賜敕褒勞，賚予甚厚，進工部尚書，食三祿。時士奇、淮皆辭尚書祿，榮、幼孜亦固辭。不允。

宣德元年，漢王高煦反。帝召榮等定計。榮首請帝親征，曰：「彼謂陛下新立，必不自行。今出不意，以天威臨之，事無不濟。」帝從其計。至樂安，高煦出降。師還，以決策功，受上賞，賜銀章五，褒予甚至。

三年從帝巡邊，至遵化。聞兀良哈將寇邊，帝留扈行諸文臣於大營，獨命榮從。自將輕騎出喜峰口，破敵而還。五年進少傅，辭大學士祿。九年復從巡邊，至洗馬林而還。英宗卽位，委寄如故。正統三年，與士奇俱進少師。五年乞歸展墓，命中官護行。還至武林驛而卒，年七十。贈太師，謚文敏，授世襲都指揮使。

榮歷事四朝，謀而能斷。永樂末，浙、閩山賊起，議發兵。帝時在塞外，奏至，以示榮。榮曰：「愚民苦有司，不得已相聚自保。兵出，將益聚不可解。遣使招撫，當不煩兵。」從之，盜果息。安南之棄，諸大臣多謂不可，獨榮與士奇力言不宜以荒服疲中國。其老成持重類如此。論事激發，不能容人過。然遇人觸帝怒致不測，往往以微言導帝意，輒得解。夏原吉、李時勉之不死，都御史劉觀之免戍邊，皆賴其力。嘗語人曰：「事君有體，進諫有方，以悻直取禍，吾不爲也。」故其恩遇亦始終無間。重修太祖實錄及太宗、仁、宣三朝實錄，皆爲總裁官。先後賜賚，不可勝計。性喜賓客，雖貴盛無稍崖岸，士多歸心焉。或謂榮處國家大事，不愧唐姚崇，而不拘小節，亦頗類之。

家富，曾孫曄爲建寧指揮，〔三〕以貲敗。詳宦官傳。

曄從弟旦，字晉叔，弘治中進士。歷官太常卿。以忤劉瑾，左遷知溫州府，治最，稍遷浙江提學副使。瑾誅，累擢至戶部侍郎，督京、通倉，出理餉甘肅。還，進右都御史，總督兩廣軍務，討平番禺、淸遠、河源諸猺。嘉靖初，遷至南京吏部尚書。張璁、桂萼驟進，旦率九卿極言不可。會吏部尚書喬宇罷，召旦代之，未至，爲給事中陳洸所劾，勸致仕。年七十餘卒。

楊溥，字弘濟，石首人。與楊榮同舉進士。授編修。永樂初，侍皇太子爲洗馬。太子嘗讀漢書，稱張釋之賢。溥曰：「釋之誠賢，非文帝寬仁，未得行其志也。」採文帝事編類以獻。太子大悅。久之，以喪歸。時太子監國，命起視事。十二年，東宮遣使迎帝遲，帝怒。黃淮逮至北京繫獄。及金問至，帝益怒曰：「問何人，得侍太子！」下法司鞫，連溥，逮繫錦衣衞獄。家人供食數絕。而帝意不可測，旦夕且死。溥益奮，讀書不輟。繫十年，讀經史諸子數周。仁宗卽位，釋出獄，擢翰林學士。嘗密疏言事。帝褒答之，賜鈔幣。已，念溥由己故久困，尤憐之。明年建弘文閣於思善門左，選諸臣有學行者侍值。士奇薦侍講王進、儒士陳繼，蹇義薦學錄楊敬、訓導何澄。詔官繼博士，敬編修，澄給事中，日值閣中。命溥掌閣事，親授閣印，曰：「朕用卿左右，非止學問。欲廣知民事，爲治道輔。有所建白，封識以進。」尋進太常卿，兼職如故。

宣宗即位，弘文閣罷，召溥入內閣，與楊士奇等共典機務。居四年，以母喪去，起復。九年遷禮部尚書，學士值內閣如故。

英宗初立，與士奇、榮請開經筵，豫擇講官，必得學識平正、言行端謹、老成達大體者數人供職。且請愼選宮中朝夕侍從內臣。太后大喜。一日，太后坐便殿，帝西向立，召英國公張輔及士奇、榮、溥、尙書胡濙入，諭曰：「卿等老臣，嗣君幼，幸同心共安社稷。」又召溥前曰：「仁宗皇帝念卿忠，屢加歎息，不意今尙見卿。」溥感泣，太后亦泣，左右皆悲愴。始仁宗爲太子，被讒，宮僚多死詔獄，溥及黃淮一繫十年，瀕死者數矣。仁宗時時於宮中念諸臣，太后亦久憐之，故爲溥言之如此。太后復顧帝曰：「此五臣，三朝簡任，俾輔後人。皇帝萬幾，宜與五臣共計。」正統三年，宣宗實錄成，進少保、武英殿大學士。溥後士奇、榮二十餘年入閣，至是乃與士奇、榮並。六年歸省墓，尋還。

是時，王振尙未橫，天下清平，朝無失政，中外臣民翕然稱「三楊」。以居第目士奇曰西楊，榮曰東楊，而溥嘗自署郡望曰南郡，因號爲南楊。溥質直廉靜，無城府。性恭謹，每入朝，循牆而走。諸大臣論事爭可否，或至違言。溥平心處之，諸大臣皆歎服。時謂士奇有學行，榮有才識，溥有雅操，皆人所不及云。比榮、士奇相繼卒，在閣者馬愉、高穀、曹鼐皆後進望輕。溥孤立，王振益用事。十一年七月，溥卒，年七十五。贈太師，謚文定。官其孫壽尚寶司丞。後三年，振遂導英宗北征，陷土木，幾至大亂。時人追思此三人者在，當不至此。而後起者爭暴其短，以爲依違中旨，釀成賊奄之禍，亦過刻之端也。

馬愉，字性和，臨朐人。宣德二年進士第一。授翰林修撰。九年秋特簡史官及庶吉士三十七人進學文淵閣，以愉爲首。正統元年充經筵講官，再遷至侍讀學士。時王振用事，一日，語楊士奇、榮曰：「朝廷事久勞公等，公等皆高年，倦矣。」士奇曰：「老臣盡瘁報國，死而後已。」榮曰：「吾輩衰殘，無以効力，當擇後生可任者，報聖恩耳。」振喜而退。士奇咎榮失言。榮曰：「彼厭吾輩矣，一旦內中出片紙令某人入閣，且奈何？及此時進一二賢者，同心協力，尚可爲也。」士奇以爲然。翼日，遂列侍讀學士苗衷、侍講曹鼐及愉名以進。由是愉被擢用。五年詔以本官入內閣，參預機務，尋進禮部右侍郎。十二年卒。贈尚書兼學士。贈官兼職，自愉始。

愉端重簡默，門無私謁。論事務寬厚。嘗奏天下獄久者多瘐死，宜簡使者分道決遣。帝納焉。邊警，方命將，而別部使至，衆議執之。愉言：「賞善罰惡，爲治之本。波及於善，非法。乘人之來執之，不武。」帝然之，厚遣其使。

贊曰：成祖時，士奇、榮與解縉等同直內閣，溥亦同爲仁宗宮僚，而三人逮事四朝，爲時耆碩。溥入閣雖後，德望相亞，是以明稱賢相，必首三楊。均能原本儒術，通達事幾，協力相資，靖共匪懈。史稱房、杜持衆美效之君，輔贊彌縫而藏諸用。又稱姚崇善應變，以成天下之務；宋璟善守文，以持天下之正。三楊其庶幾乎。

校勘記

〔一〕數月進侍講　侍講，原作「侍讀」，據本書卷一〇九宰輔年表、明史稿傳三三楊士奇傳、英宗實錄卷一一四正統九年三月甲子條改。

〔二〕正固不二　正固，當作「貞固」，明史考證攟逸卷七：「正，改貞。」按易乾文言：「貞固足以幹事。」又本傳下文「楊貞一印」，作「貞一」，與「貞固不二」相應。

〔三〕曾孫曄爲建寧指揮　曄，原作「業」，本書卷三〇四汪直傳、明史稿傳三三楊榮傳、憲宗實錄卷一六二成化十三年二月丁丑條均作「楊曄」，據改。建寧指揮，原作「建安指揮」，本書卷三〇四汪直傳、憲宗實錄卷一六二成化十三年二月丁丑條均作「建寧指揮」。按本書兵志建安未置衞，作「建寧」是，據改。

明史卷一百四十九

列傳第三十七

蹇義　夏原吉 俞士吉　李文郁　鄒師顏

蹇義，字宜之，巴人，初名瑢。洪武十八年進士。授中書舍人，奏事稱旨。帝問：「汝蹇叔後乎？」瑢頓首不敢對。帝嘉其誠篤，爲更名義，手書賜之。滿三載當遷，特命滿九載，曰：「朕且用義。」由是朝夕侍左右，小心敬愼，未嘗忤色。惠帝既卽位，推太祖意，超擢吏部右侍郎。是時齊泰、黄子澄當國，外興大師，內改制度，義無所建明。國子博士王紳遺書責之，義不能答。

燕師入，迎附，遷左侍郎。數月，進尙書。時方務反建文之政，所更易者悉罷之。義從容言曰：「損益貴適時宜。前改者固不當，今必欲盡復者，亦未悉當也。」因舉數事陳說本末。帝稱善，從其言。

永樂二年兼太子詹事。帝有所傳諭太子，輒遣義，能委曲導意。帝與太子俱愛重之。七年，帝巡北京，命輔皇太子監國。義熟典故，達治體，軍國事皆倚辦。時舊臣見親用者，戶部尚書夏原吉與義齊名，中外稱曰「蹇、夏」。滿三考，帝親宴二人便殿，褒揚甚至。數奉命兼理他部事，職務塡委，處之裕如。十七年以父喪歸，帝及太子皆遣官賜祭。詔起復。十九年，三殿災，敕廷臣二十六人巡行天下。義及給事中馬俊分巡應天諸府，問軍民疾苦，黜文武長吏擾民者數人，條興革數十事奏行之。還治部事。明年，帝北征還，以太子曲宥呂震壻主事張鶴朝參失儀，〔一〕罪義不匡正，逮義繫錦衣衞獄。又明年春得釋。

仁宗卽位，義、原吉皆以元老爲中外所信。帝又念義監國時舊勞，尤厚倚之。首進義少保，賜冠服、象笏、玉帶，兼食二祿。歷進少師，賜銀章一，文曰「繩愆糾繆」。已，復賜璽書曰：「曩朕監國，卿以先朝舊臣，日侍左右。兩京肇建，政務方殷，卿勞心焦思，不恤身家，二十餘年，夷險一節。朕承大統，贊襄治理，不懈益恭。朕篤念不忘，茲以己意，創製『蹇忠貞印』賜卿，俾藏於家，傳之後世，知朕君臣共濟艱難，相與有成也。」時惟楊士奇亦得賜「貞一」印及敕。尋命與英國公輔及原吉同監修太宗實錄。義視原吉尤重厚，然過於周愼。士奇嘗於帝前謂義曰：「何過慮？」義曰：「恐鹵莽爲後憂耳。」帝兩是之。楊榮嘗毀義。帝不直榮。義頓首言：「榮無他。卽左右有讒榮者，願陛下愼察。」帝笑曰：「吾固弗信也。」

宣宗卽位，委寄益重。時方修獻陵，帝欲遵遺詔從儉約，以問義、原吉。二人力贊曰：「聖見高遠，出於至孝，萬世之利也。」帝親爲規畫，三月而陵成，宏麗不及長陵，其後諸帝因以爲制。迨世宗營永陵，始益崇侈云。

帝征樂安，義、原吉及諸學士皆從，預軍中機務，賜鞍馬甲冑弓劍。及還，賚予甚厚。三年從巡邊還。帝以義、原吉、士奇、榮四人者皆已老，賜璽書曰：「卿等皆祖宗遺老，畀輔朕躬。今黃髮危齒，不宜復典冗劇，傷朝廷優老待賢之禮。可輟所務，朝夕在朕左右討論至理，共寧邦家。官祿悉如舊。」明年，郭璡代爲尚書。尋以胡濙言，命義等四人議天下官吏軍民建言章奏。復賜義銀章，文曰「忠厚寬宏」。七年詔有司爲義營新第於文明門內。

英宗卽位，齋宿得疾。遣醫往視，問所欲言。對曰：「陛下初嗣大寶，望敬守祖宗成憲，始終不渝耳。」遂卒，年七十三。贈太師，謚忠定。

義爲人質直孝友，善處僚友間，未嘗一語傷物。士奇常言：「張詠之不飾玩好，傅堯俞之遇人以誠，范景仁之不設城府，義兼有之。」

子英，有詩名，以廕爲尙寶司丞，歷官太常少卿。

夏原吉，字維喆，其先德興人。父時敏，官湘陰教諭，遂家焉。原吉早孤，力學養母。以鄉薦入太學，選入禁中書制誥。諸生或喧笑，原吉危坐儼然。太祖詗而異之。擢戶部主事。曹務叢脞，處之悉有條理，尚書郁新甚重之。有劉郎中者，忌其能。會新劾諸司怠事者，帝欲宥之，新持不可。帝怒，問：「誰教若？」新頓首曰：「堂後書算生。」帝乃下書算生於獄。劉郎中遂言：「教尚書者，原吉也。」帝曰：「原吉能佐尚書理部事，汝欲陷之耶！」劉郎中與書算生皆棄市。建文初，擢戶部右侍郎。明年充採訪使。巡福建，所過郡邑，核吏治，咨民隱。人皆悅服。久之，移駐蘄州。

成祖即位，或執原吉以獻。帝釋之，轉左侍郎。或言原吉建文時用事，〔三〕不可信。帝不聽，與蹇義同進尚書。偕義等詳定賦役諸制。建白三十餘事，皆簡便易遵守。曰：「行之而難繼者，且重困民，吾不忍也。」

浙西大水，有司治不效。永樂元年命原吉治之。尋命侍郎李文郁爲之副，復使僉都御史俞士吉賫水利書賜之。原吉請循禹三江入海故蹟，濬吳淞下流，上接太湖，而度地爲閘，以時蓄洩。從之。役十餘萬人。原吉布衣徒步，日夜經畫，盛暑不張蓋，曰：「民勞，吾何忍獨適。」事竣，還京師，言水雖由故道入海，而支流未盡疏洩，非經久計。明年正月，原吉復行，浚白茆塘、劉家河、大黃浦。大理少卿袁復爲之副。已，復命陝西參政宋性佐之。九月工畢，水洩，蘇、松農田大利。三年還。其夏，浙西大饑，命原吉率俞士吉、袁復及左通政趙居任往振，發粟三十萬石，給牛種。有請召民佃水退淤田益賦者，原吉馳疏止之。姚廣孝還自浙西，稱原吉曰：「古之遺愛也。」

亡何，郁新卒，召還，理部事。首請裁冗食，平賦役，嚴鹽法、錢鈔之禁，清倉場，廣屯種，以給邊蘇民，且便商賈。皆報可。凡中外戶口、府庫、田賦贏縮之數，各以小簡書置懷中，時檢閱之。一日，帝問天下錢穀幾何，對甚悉，以是益重之。當是時，兵革初定，論「靖難」功臣封賞，分封諸藩，增設武衞百司。已，又發卒八十萬問罪安南，中官造巨艦通海外諸國，大起北都宮闕，供億轉輸以鉅萬萬計，皆取給戶曹。原吉悉心計應之，國用不絀。

六年命督軍民輸材北都，詔以錦衣官校從，治怠事者。原吉慮犯者衆，告戒而後行，人皆感悅。

七年，帝北巡，命兼攝行在禮部、兵部、都察院事。有二指揮冒月廩，帝欲斬之。原吉曰：「非律也，假實爲盜，將何以加？」乃止。

八年，帝北征，輔太孫留守北京，總行在九卿事。時諸司草創，每旦，原吉入佐太孫參決庶務。朝退，諸曹郎御史環請事。原吉口答手書，不動聲色。北達行在，南啓監國，京師肅然。帝還，賜鈔幣、鞍馬、牢醴，慰勞有加。尋從還南京，命侍太孫周行鄉落，觀民間疾苦。原吉取齏黍以進，曰：「願殿下食此，知民艱。」九載滿，與蹇義皆宴便殿，帝指二人謂羣臣曰：「高皇帝養賢以貽朕。欲觀古名臣，此其人矣。」自是屢侍太孫，往來兩京，在道隨事納忠，多所裨益。

十八年，北京宮室成，使原吉南召太子、太孫。既還，原吉言：「連歲營建，今告成。宜撫流亡，蠲逋負以寬民力。」明年，三殿災，原吉復申前請。亟命所司行之。初以殿災詔求直言，羣臣多言都北京非便。帝怒，殺主事蕭儀，曰：「方遷都時，與大臣密議，久而後定，非輕舉也。」言者因劾大臣。帝命跪午門外質辨。大臣爭詈言者，原吉獨奏曰：「彼應詔無罪。臣等備員大臣，不能協贊大計，罪在臣等。」帝意解，兩宥之。或尤原吉背初議。曰：「吾輩歷事久，言雖失，幸上憐之。若言官得罪，所損不細矣。」衆始歎服。

原吉雖居戶部，國家大事輒令詳議。帝每御便殿闕門，召語移時，左右莫得聞。退則恂恂若無預者。交阯平，帝問遷官與賞孰便。對曰：「賞費於一時，有限；遷官爲後日費，無窮也。」從之。西域法王來朝，帝欲郊勞，原吉不可。及法王入，原吉見，不拜。帝笑曰：「卿欲效韓愈耶？」

山東唐賽兒反，事平，俘脅從者三千餘人至。原吉請於帝，悉原之。谷王橞叛，帝疑長沙有通謀者。原吉以百口保之，乃得寢。

十九年冬，帝將大舉征沙漠。命原吉與禮部尙書呂震、兵部尙書方賓、工部尙書吳中等議，皆言兵不當出。未奏，會帝召賓，賓力言軍興費乏，帝不懌。召原吉問邊儲多寡，對曰：「比年師出無功，軍馬儲蓄十喪八九，災眚迭作，內外俱疲。況聖躬少安，尙須調護，乞遣將往征，勿勞車駕。」帝怒，立命原吉出理開平糧儲。而吳中入對如賓言，帝益怒。召原吉繫之內官監，幷繫大理丞鄒師顏，以嘗署戶部也。賓懼自殺。遂幷籍原吉家，自賜鈔外，惟布衣瓦器。明年北征，以糧盡引還。已，復連歲出塞，皆不見敵。還至榆木川，帝不豫，顧左右曰：「夏原吉愛我。」崩聞至之三日，太子走繫所，呼原吉，哭而告之。原吉伏地哭，不能起。太子令出獄，與議喪禮，復問赦詔所宜。對以振饑，省賦役，罷西洋取寶船及雲南、交阯採辦諸道金銀課。悉從之。

仁宗卽位，復其官。方原吉在獄，有母喪，至是乞歸終制。帝曰：「卿老臣，當與朕共濟艱難。卿有喪，朕獨無喪乎？」厚賜之，令家人護喪，馳傳歸葬，有司治喪事。原吉不敢復言。尋加太子少傅。呂震以太子少師班原吉上，帝命鴻臚引震列其下。進少保，兼太子少傅、尙書如故，食三祿。原吉固辭，乃聽辭太子少傅祿。賜「繩愆糾繆」銀章，建第於兩京。

已而仁宗崩，太子至自南京。原吉奉遺詔迎於盧溝橋。宣宗卽位，以舊輔益親重。明年，漢王高煦反，亦以靖難爲辭，移檄罪狀諸大臣，以原吉爲首。帝夜召諸臣議。楊榮首勸帝親征。帝難之。原吉曰：「獨不見李景隆已事耶？臣昨見所遣將，命下卽色變，臨事可知矣。且兵貴神速，卷甲趨之，所謂先人有奪人之心也。榮策善。」帝意遂決。師還，賚予加等，賜閽者三人。原吉以無功辭。不聽。

三年，從北巡。帝取原吉橐糗嘗之，笑曰：「何惡也？」對曰：「軍中猶有餒者。」帝命賜以大官之饌，且犒將士。從閱武兎兒山，帝怒諸將慢，褫其衣。原吉曰：「將帥，國爪牙，奈何凍而斃之。」反覆力諫。帝曰：「爲卿釋之。」再與蹇義同賜銀印，文曰「含弘貞靖」。帝雅善繪事，嘗親畫壽星圖以賜。其他圖畫、服食、器用、銀幣、玩好之賜，無虛日。五年正月，兩朝實錄成，復賜金幣、鞍馬。旦入謝，歸而卒，年六十五。贈太師，謚忠靖。敕戶部復其家，世世無所與。

原吉有雅量，人莫能測其際。同列有善，卽採納之。或有小過，必爲之掩覆。吏汚所服金織賜衣。原吉曰：「勿怖，汚可浣也。」又有汚精微文書者，吏叩頭請死。原吉不問，自入朝引咎，帝命易之。呂震嘗傾原吉。震爲子乞官，原吉以震在「靖難」時有守城功，爲之請。平江伯陳瑄初亦惡原吉，原吉顧時時稱瑄才。或問原吉：「量可學乎？」曰：「吾幼時，有犯未嘗不怒。始忍於色，中忍於心，久則無可忍矣。」嘗夜閱爰書，撫案而歎，筆欲下輒止。妻問之。曰：「此歲終大辟奏也。」與同列飲他所，夜歸值雪，過禁門，有欲不下者。原吉曰

「君子不以冥冥墮行」。其愼如此。

原吉與義皆起家太祖時。義秉銓政，原吉筦度支，皆二十七年，名位先於三楊。仁、宣之世，外兼臺省，內參館閣，與三楊同心輔政。義善謀，榮善斷，而原吉與士奇尤持大體，有古大臣風烈。

子瑄，以廕爲尙寶司丞。喜談兵，景泰時，數上章言兵事，有沮者，不獲用。終南京太常少卿。

兪士吉，字用貞，象山人。建文中，爲兗州訓導。上書言時政，擢御史。出按鳳陽、徽州及湖廣，能辨釋冤獄。成祖卽位，進僉都御史。奉詔以水利書賜原吉，因留督浙西農政。湖州逋糧至六十萬石，同事者欲減其數以聞。士吉曰：「欺君病民，吾不爲也。」具以實奏，悉得免。尋爲都御史陳瑛所劾，與大理少卿袁復同繫獄。復死獄中，士吉謫爲事官，治水蘇、松。既而復職，還上聖孝瑞應頌。帝曰：「爾爲大臣，不言民間利病，乃獻諛耶！」擲還之。宣德初，仕至南京刑部侍郞，致仕。

李文郁，襄陽人。永樂初，以戶部侍郞副原吉治水有勞。後坐事謫遼東二十年。仁宗卽位，召還，爲南京通政參議，致仕。

鄒師顏，宜都人。永樂初，爲江西參政，坐事免。尋以薦擢御史，有直聲，遷大理丞，署戶部，與原吉同下獄。仁宗立，釋爲禮部侍郎。省墓歸，還至通州，卒，貧不能歸葬。尚書呂震聞於朝，宣宗命驛舟送之。詔京官卒者，皆給驛，著爲令。

贊曰：書曰「敷求哲人，俾輔于爾後嗣」。蹇義、夏原吉自筮仕之初，即以誠篤幹濟受知太祖，至成祖益任以繁劇。而二人實能通達政體，諳練章程，稱股肱之任。仁、宣繼體，委寄優隆，同德協心，匡翼令主。用使吏治修明，民風和樂，成績懋著，蔚爲宗臣。樹人之效，遠矣哉。

校勘記

〔一〕以太子曲宥呂震壻主事張鶴朝參失儀　張鶴，原作「張鷴」，據本書卷一五一呂震傳、明史稿傳三六呂震傳、紅格本太宗實錄卷二五一永樂二十年九月丙寅條改。

〔二〕或言原吉建文時用事　原脫「或」字，句無主語。據明史稿傳三四夏原吉傳、明書卷一一八夏原吉傳補。

明史卷一百五十

列傳第三十八

郁新　趙羾　金忠　李慶　師逵　古朴 向寶

陳壽 馬京　許思溫　劉季篪　劉辰　楊砥

虞謙 呂升　仰瞻　嚴本　湯宗

郁新，字敦本，臨淮人。洪武中，以人才徵，授戶部度支主事。遷郎中。踰年，擢本部右侍郎。嘗問天下戶口田賦，地理險易，應答無遺，帝稱其才。尋進尚書。時親王歲祿米五萬石，新定議減五之四，並定郡王以下祿有差。又以邊餉不繼，定召商開中法，令商輸粟塞下，按引支鹽，邊儲以足。夏原吉爲戶部主事，新重之，諸曹事悉委任焉。建文二年引疾歸。

成祖即位，召掌戶部事，以古朴爲侍郎佐之。永樂元年，河南蝗，有司不以聞，新劾治之。初，轉漕北京，新言：「自淮抵河，多淺灘跌坡，運舟艱阻。請別用淺船載三百石者，自淮河、沙河運至陳州潁溪口跌坡下，復用淺船載二百石者運至跌坡上，別用大船運入黃河。至八柳樹諸處，令河南車夫陸運入衞河，轉輸北京。」從之。又言：「湖廣屯田所產不一，請皆得輸官。粟穀、穈黍、大麥、蕎穄二石，准米一石。稻穀、薥秫二石五斗，穇稗三石，各准米一石。豆、麥、芝蔴與米等。」著爲令。二年議公、侯、伯、駙馬、儀賓祿，二百石以上者，請如文武官例，米鈔兼給。三年以士卒勞困，議減屯田歲收不如額者十之四五，又議改納米北京贖罪者於南京倉。皆允行。是年八月卒於官。帝歎曰：「新理邦賦十三年，量計出入，今誰可代者？」輟朝一日，賜葬祭，而召夏原吉還理部事。

新長於綜理，密而不繁。其所規畫，後不能易。

趙羾，字雲翰，夏人，徙祥符。洪武中，由鄉舉入太學，授兵部職方司主事。圖天下要害阨塞，並屯戍所宜以進。帝以爲才，遷員外郎。建文初，遷浙江參政，建策捕海寇，有功。永樂二年使交阯，還奏稱旨。擢刑部侍郎，改工部，再改禮部。五年進尙書，賜宴華蓋殿，撤膳羞遺其母。初，狃每以事爲言者所劾，帝不問。九年秋，朝鮮使臣將歸，例有賜賚，狃不以奏。帝怒曰：「是且使朕失遠人心。」遂下之獄。尋得釋，使督建隆慶、保安、永寧諸州縣，撫綏新集，民安其業。十五年丁母艱。起復，改兵部尙書，專理塞外兵事。帝北征，轉餉有方。

仁宗嗣位，改南京刑部。宣德五年，御史張楷劾狃及侍郎兪士吉怠縱。召至，命致仕。狃性精敏，歷事五朝，位列卿，自奉如寒素。正統元年卒，年七十三。

金忠，鄞人。少讀書，善易卜。兄戍通州亡，忠補戍，貧不能行，相者袁珙資之。旣至，編卒伍，賣卜北平市，多中。市人傳以爲神。僧道衍稱於成祖。成祖將起兵，託疾召忠卜，得鑄印乘軒之卦。曰：「此象貴不可言。」自是出入燕府中，常以所占勸舉大事。成祖深信之。燕兵起，自署官屬，授忠王府紀善，守通州。南兵數攻城不克。已，召置左右，有疑輒問，術益驗，且時進謀畫。遂拜右長史，贊戎務，爲謀臣矣。

成祖稱帝，論佐命功，擢工部右侍郎，贊世子守北京。尋召還，進兵部尙書。帝起兵時，次子高煦從戰有功，許以爲太子。至是淇國公丘福等黨高煦，勸帝立之。獨忠以爲不可，在帝前歷數古嫡孽事。帝不能奪，密以告解縉、黃淮、尹昌隆。縉等皆以忠言爲是。於是立世子爲皇太子，而忠爲東宮輔導官，以兵部尚書兼詹事府詹事。六年命兼輔皇太孫。帝北征，留忠與蹇義、黃淮、楊士奇輔太子監國。是時高煦奪嫡謀愈急，蜚語譖太子。十二年北征還，悉徵東宮官屬下獄。以忠勳舊不問，而密令審察太子事。忠言無有。帝怒。忠免冠頓首流涕，願連坐以保之。以故太子得無廢，而宮僚黃淮、楊溥等亦以是獲全。

忠起卒伍至大位，甚見親倚，每承顧問，知無不言，然愼密不洩。處僚友不持兩端，退恒推讓之。明年四月卒。給驛歸葬，命有司治祠墓，復其家。洪熙元年，追贈榮祿大夫少師，謚忠襄。官子達翰林檢討。達剛直敢言，仕至長蘆都轉運使。

忠有兄華，負志節。忠守通州有功，欲推恩官之，辭不就。嘗召賜金綺，亦不受。成祖目爲迂叟，放還。一日，讀宋史至王倫附秦檜事，放聲長歎而逝。里中稱爲白雲先生。

李慶，字德孚，順義人。洪武中，以國子生署右僉都御史，後授刑部員外郎，遷紹興知府。永樂元年召爲刑部侍郎。性剛果，有幹局，馭下甚嚴。帝以爲才，數命治他事，不得時至部。然屬吏與罪人交通私饋餉，慶輒知之，繩以重法。五年改左副都御史。兩遭親喪，並起復。時勳貴武臣多令子弟家人行商中鹽，爲官民害。慶言：「舊制，四品以上官員家不得與民爭利。今都督蔡福等旣行罰，公侯有犯，亦乞按問。」帝命嚴禁如制。忻成伯趙彝擅殺運夫，盜賣軍餉。都督譚青、朱崇貪縱。慶劾之，皆下吏。已，劾都督費瓛欺罔，梁銘貪暴，鎭守德州都督曹得贖貨。皆被責。中外凜其風采。十八年進工部尚書，尋兼領兵部事。

仁宗立，改兵部，加太子少保。弋謙以言事忤旨，呂震等交口詆之，惟慶與夏原吉無所言。帝尋悟，降敕自責，並責震等，震等甚愧此兩人。山陵事多，趣辦中官有求，執不與，人多嚴憚之，號爲「生李」。奉命侍皇太子謁孝陵，在途約束將士，秋毫無所擾。太子欲獵，慶諫止。及太子還北京，遂留慶南京兵部。

宣德二年，安遠侯柳升討黎利，命慶參贊軍務，許擇部曹賢能者自隨。師至鎭夷關，升意輕賊，不爲備。郎中史安、主事陳鏞言於慶。時慶已病甚，强起告升。升不聽，直前，中伏敗死。慶病遂篤，明日亦死，一軍盡沒。

師逵，字九逵，東阿人。少孤，事母至孝。年十三，母疾，思藤花菜。逵出城南二十餘里求得之。及歸，夜二鼓，遇虎。逵驚呼天，虎舍之去。母疾尋愈。洪武中，以國子生從御史出按事，爲御史所劾，逮至。帝偉其貌，釋之，謫御史臺書案牘。久之，擢御史，遷陝西按察使。獄囚淹繫千人，浹旬盡決遣，悉當其罪。母憂去官，廬墓側，不飲酒食肉者三年。成祖卽位，召爲兵部侍郎，改吏部。永樂四年建北京宮殿，分遣大臣出採木。逵往湖、湘，以十萬衆入山闢道路，召商賈，軍役得貿易，事以辦。然頗嚴刻，民不堪，多從李法良爲亂。左中允周幹劾之。時仁宗監國，以帝所特遣，置不問。八年，帝北征，命總督餽餉，逵請量程置頓堡，更遞轉輸。從之。

逵佐蹇義在吏部二十年，人不敢干以私。仁宗嗣位，與趙羾、古朴皆改官南京，而逵進戶部尚書，兼掌吏部。宣德二年正月卒官，年六十二。

逵廉，不殖生產，祿賜皆分宗黨。有子八人，至無以自贍。成祖在北京嘗語左右曰：「六部扈從臣，不貪者惟逵而已。」

古朴，字文質，陳州人。洪武中以太學生清理郡縣田賦圖籍，還隸五軍斷事理刑。自陳家貧，願得祿養母。帝嘉之，除工部主事。母歿，官給舟歸葬。服闋，改兵部，累遷郎中。

建文三年，擢兵部侍郎。成祖即位，改戶部。永樂二年，朴奏：「先奉詔令江西、湖廣及蘇、松諸府輸糧北京，今聞並患水潦，轉運艱難，而北京諸郡歲幸豐。宜發鈔命有司增價收糴，減南方運。」從之。營建北京，命採木江西，以恤民見褒。七年，帝北巡，皇太子監國，召還，佐夏原吉理戶部。仁宗即位，改南京通政使。明年就拜戶部尚書，出督畿內田賦。師逵病，命朴代之。宣德三年二月卒於官。

初，戶部主事劉良不檢，乞中貴人求上考。朴不可。良遂誣奏朴罪，朴就逮。成祖察其誣，得釋。他日，吏部奏予良誥。仁宗曰：「此人素無行，且嘗誣大臣，不可與。」良後果以贓敗。朴在朝三十餘年，自郎署至尚書，確然有守，不通干請，與右都御史向寶，俱以清介稱。

寶，字克忠，進賢人。洪武中，以進士授兵部員外郎。九年無過，擢通政使，以不善奏對力辭，改應天府尹。建文時，坐事謫廣西。成祖即位，召復職。已，復坐事下獄，降兩浙鹽運判官。仁宗在東宮，知其廉。及即位，召爲右都御史兼詹事，並給兩俸。尋應詔陳八事，多可採者。宣德初，改南京。三年入覲，帝憫其老，命致仕。歸卒於途。

寶有文學，寬厚愛民，而持身廉直，屢遭困阨不稍易，平居言不及利。歷仕四十餘年，卒之日，家具蕭然。

陳壽，隨人。洪武中，由國子生授戶部主事。永樂元年遷員外郎。出爲山東參政，所至以愛民爲務。用夏原吉薦，召爲工部左侍郎。皇太子監國南京，壽日陳兵民困，又乘間言左右干恩澤者多，恐累明德。太子深納之。嘗目送之出，顧侍臣曰：「侍郎中第一人也。」九年以漢王高煦譖，下獄，貧不能給朝夕。官屬有餽之者，拒不受，竟死獄中。踰年，啓殯如生。仁宗卽位，贈工部尚書，諡敏肅，官其子瑺中書舍人，後亦至工部侍郎。

與壽同下獄死者，有馬京、許思溫。

京，武功人。洪武中，以進士授翰林編修，歷左通政、大理卿。永樂元年爲行部左侍郎。皇太子守北京，命兼輔導，盡誠翊贊，太子甚重之。數爲高煦所譖，謫戍廣西，仍坐前事，逮下獄。

思溫，字叔雍，吳人。以國子生署刑部主事，累官北平按察副使。燕師起，思溫佐城守有勞，擢刑部侍郎，改吏部，兼贊善。亦以讒下獄。皆瘐死。仁宗立，贈京少傅，諡文簡；思溫吏部尚書，官其子俊贊禮郎，進學翰林。

劉季篪，名韶，〔一〕以字行，餘姚人。洪武中進士。除行人。使朝鮮，却其餽贐。帝聞，賜衣鈔，擢陝西參政。陝有逋賦，有司峻刑督，民不能輸。季篪至，與其僚分行郡縣，悉縱械者，緩爲期。民感其德，悉完納。陝不產硇砂，而歲有課。季篪言於朝，罷之。洪渠水溢，爲治堰蓄洩，遂爲永利。

建文中，召爲刑部侍郎。民有爲盜所引者。逮至，盜已死，乃召盜妻子使識之。聽其辭，誣也，釋之。吏虧官錢，誣千餘人，悉爲辨免。河陽逆旅朱、趙二人異室寢。趙被殺，有司疑朱殺之，考掠誣服。季篪獨曰：「是非夙讎，且其裝無可利。」緩其獄，竟得殺趙者。揚州民家，盜夜入殺人，遺刀屍傍，刀有記識，其隣家也。官捕鞫之。隣曰：「失此刀久矣。」不勝掠，誣服。季篪使人懷刀就其里潛察之。一童子識曰：「此吾家物。」盜乃得。

永樂初，纂修大典，命姚廣孝、解縉及季篪總其事。八年坐失出下獄，謫外任。逡巡未行，復下獄。久之始釋。命以儒服隸翰林院編纂。尋授工部主事，卒於官。

劉辰，字伯靜，金華人。國初，以署典籤使方國珍。國珍飾二姬以進，叱却之。李文忠駐師嚴州，辟置幕下。元帥葛俊守廣信，盛冬發民浚城濠。文忠止之。不聽。文忠怒，欲臨以兵。辰請往諭之。俊悔謝，事遂已。以親老辭歸。

建文中，用薦擢監察御史，出知鎭江府，勤於職事。瀕江田八十餘頃，久淪於水，賦如故，以辰言得除。京口閘廢，轉漕者道新河出江，舟數敗。辰修故閘，公私皆便。漕河易涸，仰練湖益水，三斗門久廢。辰修築之。運舟旣通，湖下田益稔。

永樂初，李景隆言辰知國初事，召至，預修太祖實錄。遷江西布政司參政，奏蠲九郡荒田糧。歲饑，勸富民貸饑者，蠲其徭役以爲之息。官爲立劵，期年而償。辰居官廉勤尙氣，與都司、按察使不相得，數爭，坐免官。十四年起行部左侍郎，復留南京者三年。帝念其老，賜敕及鈔幣，令致仕。卒於途，年七十八。

楊砥，字大用，澤州人。洪武末，由進士授行人司右司副。上疏言：「揚雄爲莽大夫，貽譏萬世。董仲舒天人三策及正誼明道之言，足以扶翼世教。今孔廟從祀有雄無仲舒，非是。」帝從之。歷官湖廣布政司參議。建文中，言：「帝堯之德始於親九族。今宜惇睦諸藩，無自剪枝葉。」不報。父喪歸。

成祖卽位，起鴻臚寺卿，乞終制。服闋，擢禮部侍郎，坐視河渠失職，降工部主事，改禮部。永樂十年遷北京行太僕寺卿。時吳橋至天津大水決堤傷稼。砥請開德州東南黃河故道及土河以殺水勢。帝命工部侍郎藺芳經理之。定牧馬法，請令民五丁養種馬一匹，十馬立羣頭一人，五十馬立羣長一人，養馬家歲蠲租糧之半。而薊州以東至山海諸衞，土地寬廣，水草豐美，其屯軍人養種馬一匹，租亦免半。帝命軍租盡蠲之，餘悉從其議。於是馬大蕃息。

砥剛介有守，尤篤孝行。十六年，母喪哀毀，未至家，卒。

虞謙，字伯益，金壇人。洪武中，由國子生擢刑部郎中，出知杭州府。建文中請限僧道田，人無過十畝，餘以均給貧民。從之。永樂初召爲大理寺少卿。時有詔，建文中上言改舊制者悉面陳。謙乃言前事請罪。帝見謙怖，笑曰：「此秀才鬭老、佛耳。」釋弗問。而僧道限田制竟罷。都察院論詿騙罪，準洪武榜例梟首以徇。謙奏：「比奉詔準律斷罪，誆騙當杖流，梟首非詔書意。」帝從之。天津衞倉災，焚糧數十萬石。御史言主者盜用多，縱火自蓋。逮幾八百人，應死者百。謙白其濫，得論減。

七年，帝北巡，皇太子奏謙爲右副都御史。明年偕給事中杜欽巡視淮、鳳抵陳州災傷，免田租，贖民所鬻子女。明年，謙請振，太子諭之曰：「軍民困極，而卿等從容請啓，彼汲黯何如人也。」

尋命督兩浙、蘇、松諸府糧，輸南、北京及徐州、淮安。富民賂有司，率得近地，而貧民多遠運。謙建議分四等：丁多糧最少者運北京，次少者運徐州，丁糧等者運南京、淮安，丁少糧多者存留本土。民利賴之。又言：徐州、呂梁二洪，行舟多阻，請每洪增挽夫二百，月給廩，官牛二百，暇時聽民耕，大舟至，用以挽。人以爲便。嘗督運木，役者大疫。謙令散處之，疫遂息。未幾，偕給事中許能巡撫浙江。

仁宗卽位召還，改大理寺卿。時呂升爲少卿，仰瞻爲丞，而謙又薦嚴本爲寺正。帝方矜愼刑獄，謙等亦悉心奏當。凡法司及四方所上獄，謙等再四參復，必求其平。嘗語人曰：「彼無憾，斯我無憾矣。」嘗應詔上言七事，皆切中時務。有言其奏事不密，市恩於外者。帝怒，降少卿。一日，楊士奇奏事畢，不退。帝問：「欲何言，得非爲虞謙乎？」士奇因具白其誣，且言謙歷事三朝，得大臣體。帝曰：「吾亦悔之。」遂命復職。宣宗立，謙言：「舊制，犯死罪者，罰役終身。今所犯不等，宜依輕重分年限。」報可。宣德二年三月卒於官。

謙美儀觀，風采凝重。工詩畫，自負才望。工部侍郎蘇瓚以鄙猥班謙上，恒怏怏，人以是隘其量云。

呂升，山陰人。永樂初爲溧陽教諭，歷官江西、福建按察僉事，所至有淸愼聲。入爲大理寺少卿。宣德八年致仕卒。

仰瞻，長洲人。永樂中由虎賁衞經歷遷大理寺丞。正統間，宦官王振用事，百官多奔走其門，惟瞻與大理卿薛瑄不往。會與瑄辨殺夫冤獄，益忤振，下獄，謫戍大同。景泰初，召爲右寺丞，執法愈堅，在位者多不悅。移疾歸，加大理少卿。

嚴本，字志道，江陰人。少通羣籍，習法律，以傅霖刑統賦辭約義博，註者非一，乃著輯義四卷。永樂十一年以薦徵，試以疑律，敷析明暢。授刑部主事。侍郎張本掌部事，官吏少當意者，獨重本，疑獄輒俾訊之。奉命使徽州，時督辦後期，例罰工，本不忍迫民。或以爲言，本曰：「吾辦矣。」蓋已寓書其子，鬻田爲工作償也。

仁宗立，以刑部尙書金純及虞謙薦，改大理寺正。斷獄者多以「知情故縱」及「大不敬」

論罪。本爭之曰：「律自叛逆數條外，無『故縱』之文。即『不敬』，情有重輕，豈可概入重比。」謙韙之，悉爲駁正。良鄉民失馬，疑其隣，告於丞，拷死。丞坐決罰不如法，當徒，而告者坐絞。本曰：「丞罪當。告者因疑而訴，律以誣告致死，是丞與告者各殺一人，可乎？」駁正之。莒縣屯卒奪民田，民訟於官，卒被笞。夜盜民驢，民搜得之，卒反以爲誣，擒送千戶，民被禁死。法司坐千戶徒。本曰：「千戶生，則死者冤矣。」遂正其故勘罪。蘇州衞卒十餘人夜劫客舟於河西務，一卒死。懼事覺，誣隣舟解囚人爲盜，其侶往救見殺。皆誣服。本疑之曰：「解人與囚同舟。爲盜，囚必知之。」按驗，果得實，遂抵卒罪。

本立身方嚴，非禮弗履。其使徽也，知府饋酒肴亦不受。年七十八卒。

湯宗，字正傳，浙江平陽人。洪武末，由太學生擢河南按察僉事，改北平。建文時上變，言按察使陳瑛受燕邸金錢，有異謀。詔逮瑛，安置廣西，而遷宗山東按察使。坐事，左遷刑部郎中，出知蘇州府。蘇連歲水，民流，逋租百餘萬石。宗諭富民出米代輸。富民知其愛民，不三月悉完納。

永樂元年有言其坐視水患者。逮下獄，謫判滁州。以黃淮薦，召爲大理寺丞。或言宗曾發潛邸事。帝曰：「帝王惟才是使，何論舊嫌。」時外國貢使病死，從人謂醫殺之。獄具，宗閱牘歎曰：「醫與使者何讐，而故殺之乎？」卒辨出之。尋命振饑河南，還署戶部事。解縉下獄，詞連宗，坐繫十餘年。仁宗立，復官，再遷南京大理卿。宣宗初，淸軍山東。會天久不雨，極陳民間饑困狀。帝爲蠲租免役，罷不急之務。宣德二年卒。

贊曰：永、宣之際，嚴飭吏治，職事修舉。若郁新之理賦，楊砥之馬政，劉季篪、虞謙之治獄，可謂能其官矣。李慶、師逵諸人，淸介有執，皆列卿之良也。陳壽、馬京遭讒早廢，惜乎未竟其用。金忠奮身卒伍，進自藝術末流，而有士君子之行。當其侃侃持論於文皇父子間，忠直不撓，卒以誠信悟主，豈不偉哉。

校勘記

〔一〕洪武中由國子生授戶部主事　洪武中，仁宗實錄卷八上洪熙元年甲戌條作「永樂初」。國朝獻徵錄卷五一工部左侍郎陳壽傳稱「永樂初，舉鄉貢，下第，入太學，擢戶部主事。」都和傳文不同。

〔二〕劉季篪名韶　篪，四庫全書總目卷一三七永樂大典條作「箎」。按詩小雅何人斯「仲氏吹箎」，作「箎」與名「韶」相應，疑是。

明史卷一百五十一

列傳第三十九

茹瑺　嚴震直　張紞 毛泰亨　王鈍　鄭賜　郭資

呂震　李至剛　方賓　吳中　劉觀

茹瑺，衡山人。洪武中，由監生除承敕郎，歷通政使。勤於職，太祖賢之。二十三年拜右副都御史，又試兵部尚書，尋實授，加太子少保。及惠帝卽位，改吏部，與黃子澄不相能。刑部尚書暴昭發其贓罪，出掌河南布政司事。尋復召爲兵部尚書。

燕兵至龍潭，帝遣瑺及曹國公李景隆、都督同知王佐詣燕軍議和。瑺等見成祖，伏地流汗，不能發一言。成祖曰：「公等言卽言耳，何懼至是。」久之乃言奉詔割地講和。成祖笑曰：「吾無罪而削爲庶人，今救死，何以地爲！且皇考封諸子，已各有分地矣。其縛姦臣來，吾卽解甲謁孝陵歸藩。」瑺等唯唯頓首還。

成祖入京師，召瑺。瑺首勸進。成祖既卽位，下詔言景隆、瑺、佐及陳瑄事太祖忠，功甚重。封瑺忠誠伯，食祿一千石，終其身。仍兵部尙書、太子少保。選其子鑑爲秦府長安郡主儀賓。卽命瑺出營郡主府第。還朝，坐不送趙王，遣歸里。既而爲家人所訟，逮至京，釋還。過長沙不謁谷王，王以爲言。時方重藩王禮，谷王又開金川門有功，帝意嚮之。陳瑛遂劾瑺違祖制，逮下錦衣獄。瑺知不免，命子銓市毒藥，服之死。時永樂七年二月也。法司劾銓毒其父，請以謀殺父母論。後以銓實承父命，減死，與兄弟家屬二十七人謫戍廣西河池。仁宗立，釋還。宣宗與所沒田廬。

瑺居官謹愼，謙和有容。其死也，人頗惜之。

嚴震直，字子敏，烏程人。洪武時以富民擇糧長，歲部糧萬石至京師，無後期，帝才之。二十三年特授通政司參議，再遷爲工部侍郎。二十六年六月進尙書。時朝廷事營建，集天下工匠於京師，凡二十餘萬戶。震直請戶役一人，書其姓名所業於官，有役則按籍更番召之，役者稱便。鄉民訴其弟姪不法，帝付震直訊。具獄上，帝以爲不欺，赦其弟姪。已，坐事降御史，數雪冤獄。

二十八年討龍州，使震直偕尚書任亨泰諭安南。還，條奏利病，稱旨。尋命修廣西興安縣靈渠。審度地勢，導湘、灕二江，浚渠五千餘丈，築渼潭及龍母祠土堤百五十餘丈，又增高中江石堤，建陡閘三十有六，鑿去灕石之礙舟者，漕運悉通。歸奏，帝稱善。

三十年二月疏言：「廣東舊運鹽八十五萬餘引於廣西，召商中買。今終年所運，纔十之一。請分三十萬八千餘引貯廣東，別募商入粟廣西乏糧衞所，支鹽廣東，鬻之江西南安、贛州、吉安、臨江四府便。」帝從之。廣鹽行於江西自此始。

其年四月擢右都御史，尋復爲工部尚書。建文中，嘗督餉山東，已而致仕。成祖卽位，召見，命以故官巡視山西。至澤州，病卒。

張紞，字昭季，富平人。洪武中，舉明經。爲東宮侍書，累遷試左通政。十五年，雲南平，出爲左參政。陛辭，帝賦詩二章賜之。歷左布政使。二十年春入覲，治行爲天下第一，特令吏部勿考。賜璽書曰：「曩者討平西南，命官撫守，爾紞實先往，於今五年。諸蠻聽服，誠信相孚，克恭乃職，不待考而朕知其功出天下十二牧上。故嘉爾績，命爾仍治滇南。往，欽哉。」紈在滇凡十七年，土地貢賦、法令條格皆所裁定。民間喪祭冠婚咸有定制，務變其俗。滇人遵用之。朝士董倫、王景輩謫其地，皆接以禮意。

惠帝卽位，召爲吏部尙書。詔徵遺逸士集闕下。紈所選用，皆當其才。會修太祖實錄，命試翰林編纂官，紈奏楊士奇第一。士奇由是知名。

成祖入京師，錄中朝姦臣二十九人，紈與焉。以茹瑺言，宥仍故職。無何，帝臨朝而歎，咎建文時之改官制者。乃令紈及戶部尙書王鈍解職務，月給半俸，居京師。紈懼，自經於吏部後堂，妻子相率投池中死。

紈在吏部，値變官制，小吏張祖言曰：「高皇帝立法創制，規模甚遠。今更之，未必勝，徒滋人口，願公力持之。」紈不能用，然心賢祖，奏爲京衞知事。後紈死，屬吏無敢視者，唯祖經紀其喪。世傳燕師入京，紈卽自經死；嚴震直奉使至雲南，遇建文君悲愴吞金死。考諸國史，非其實也。

時有毛泰亨者，建文時爲吏部侍郎，與紈同事。紈死，泰亨亦死。

王鈍，字士魯，太康人。元末猗氏縣尹。洪武中，徵授禮部主事，歷官福建參政，以廉愼聞。遣諭麓川，却其贈。或曰：「不受，恐遠人疑貳。」鈍乃受之，還至雲南，輸之官庫。二十三年遷浙江左布政使。在浙十年，名與張紞埒。帝嘗稱於朝，以勸庶僚。

建文初，拜戶部尙書。成祖入，踰城走，爲邏卒所執，詔仍故官。未幾，與紞俱罷。尋命同工部尙書嚴震直等分巡山西、河南、陝西、山東，又同新昌伯唐雲經理北平屯種。承制再上疏言事，皆允行。永樂二年四月賜勅以布政使致仕。旣歸，鬱鬱死。

子瀹，永樂四年進士。仁宗時遷鄭王府左長史，數以禮諫王。嘗擬荀卿成相篇，撰十二章以獻。語切，與王不合。召改戶部郞中。英宗卽位，擢戶部右侍郞，巡撫浙江，有惠政。母喪起復，入覲，留攝部事。尋以老乞歸，卒。

鄭賜，字彥嘉，建寧人。洪武十八年進士。授監察御史。時天下郡邑吏多坐罪謫戍，賜嘗奉命於龍江編次行伍。方暑，諸囚憊甚。賜脫其械，俾皆舍止息，周其飮食，病者與醫藥，多所全活。秩滿當遷，湖廣布政司參議闕，命賜與檢討吳文爲之。二人協心剗弊，民以寧輯，苗、獠畏懷。母喪，去。服除，改北平參議，事成祖甚謹。復坐累謫戍安東屯。及惠帝卽位，成祖及楚王楨皆舉賜爲長史。不許，召爲工部尚書。燕兵起，督河南軍扼燕。成祖入京師，李景隆訐賜罪亞齊、黃。逮至，帝曰：「吾於汝何如，乃相背耶？」賜曰：「盡臣職耳。」帝笑釋之，授刑部尚書。

永樂元年劾都督孫岳擅毀太祖所建寺，詔安置海南。岳，建文時守鳳陽，嘗毀寺材，修戰艦以禦燕軍，燕知其有備，取他道南下，故賜劾之。二年劾李景隆陰養亡命，謀不軌。又與陳瑛同劾耿炳文僭侈，炳文自經死。皆揣帝意所惡者。祁陽教諭康孔高朝京師還，枉道省母，會母疾，留侍九閱月不行。賜請逮問孔高，罪當杖。帝曰：「母子暌數年，一旦相見難遽舍，況有疾，可矜也。」命復其官。

三年秋，代李至剛爲禮部尚書。四年正月，西域貢佛舍利，賜因請釋囚。帝曰：「梁武、元順溺佛教，有罪者不刑，紀綱大壞，此豈可效！」是年六月朔，日當食，陰雲不見，賜請賀。不許。賜言「宋盛時嘗行之」。帝曰：「天下大矣，京師不見，如天下見之何。」卒不許。

賜爲人頗和厚，然不識大體，帝意輕之。爲同官趙狃所間，六年六月憂悸卒。帝疑其自盡。楊士奇曰：「賜有疾數日，惶懼不敢求退。昨立右順門，力不支仆地，口鼻有噓無吸。」語未竟，帝曰：「微汝言，幾誤疑賜。賜固善人，才短耳。」命予葬祭。洪熙元年贈太子少保，謚文安。

郭資，武安人。洪武十八年進士。累官北平左布政使，陰附於成祖。及兵起，張昺等死，資與左參政孫瑜、按察司副使墨麟、僉事呂震率先降，呼萬歲。成祖悅，命輔世子居守。成祖轉戰三年，資主給軍餉。及卽位，以資爲戶部尙書，掌北平布政司。北京建，改行部尙書，統六曹事。定都，仍改戶部。時營城郭宮殿，置官吏及出塞北征，工役繁興，資舉職無廢事。仁宗立，以舊勞兼太子賓客。尋以老病，加太子太師，賜敕致仕。宣德四年復起戶部尙書，奉職益勤。八年十二月卒，年七十三。贈湯陰伯，謚忠襄。官其子佑戶部主事。

資治錢穀有能稱，仁宗嘗以問楊士奇。對曰：「資性强毅，人不能干以私。然錮祖詔數下不奉行，使陛下恩澤不流者，資也。」

呂震，字克聲，臨潼人。洪武十九年以鄉舉入太學。時命太學生出稽郡邑壤地，以均貢賦。震承檄之兩浙，還奏稱旨，擢山東按察司試僉事。入爲戶部主事，遷北平按察司僉事。燕兵起，震降於成祖，命侍世子居守。永樂初，遷眞定知府，入爲大理寺少卿。三年遷刑部尚書。六年改禮部。皇太子監國，震壻主事張鶴朝參失儀，太子以震故宥之。帝聞之怒，下震及蹇義於錦衣衞獄，已，復職。仁宗卽位，命兼太子少師，尋進太子太保兼禮部尚書。宣德元年四月卒。

震嘗三奉命省親，兩値關中饑，令所司出粟振之，還始以聞。然無學術，爲禮官，不知大體。成祖崩，遺詔二十七日釋縗服。及期，震建議羣臣皆易烏紗帽，黑角帶。近臣言：「仁孝皇后崩，旣釋縗服，太宗易素冠布腰絰。」震勃然變色，詆其異己。仁宗黜震議，易素冠布腰絰。洪熙元年分遣羣臣祀嶽鎭海瀆及先代帝王陵。震乞祀周文、武、成、康。便道省母，私以妻喪柩與香帛同載。祀太廟致齋，飲酒西番僧舍，大醉歸，一夕卒。

震爲人佞諛傾險。永樂時，曹縣獻騶虞，榜葛剌國、麻林國進麒麟，震請賀。帝曰：「天下治安，無麒麟何害？」貴州布政使蔣廷瓚言：「帝北征班師，詔至思南大巖山，有呼萬歲者三。」震言：「此山川效靈。」帝曰：「山谷之聲，空虛相應，理或有之。震爲國大臣，不能辯其非，又欲因之進媚，豈君子事君之道。」郎中周訥請封禪，震力贊之，帝責其謬。震雖累受面斥，然終不能改。金水河、太液池冰，具樓閣龍鳳花卉狀。帝召羣臣觀之。震因請賀。不許。而隆平侯張信奏太和山五色雲見，侍郎胡濙圖上瑞光榔梅靈芝，震率羣臣先後表賀云。

成祖初巡北京，命定太子留守事宜。震請常事聽太子處分，章奏分貯南京六科，回鑾日通奏。報可。十一年、十四年，震再請如前制。十七年，帝在北京，因事索章奏，侍臣言留南京。帝忘震前請，曰：「章奏宜達行在，豈禮部別有議耶？」問震。震懼罪，曰：「無之，奏章當達行在。」三問，對如前。遂以擅留奏章，殺右給事中李能。衆知能冤，畏震莫敢言。尹昌隆之禍，由震搆之。事具昌隆傳。夏原吉、方賓以言北征餉絀得罪，以震兼領戶、兵部事。震亦自危。帝令官校十人隨之，曰：「若震自盡，爾十人皆死。」

震有精力，能强記，才足以濟其爲人。凡奏事，他尙書皆執副本，又與左右侍郎更進迭奏。震既兼三部，奏牘益多，皆自占奏，侍郎不與也。情狀委曲，千緒萬端，背誦如流，未嘗有悮。嘗扈北狩，帝見碑立沙磧中，率從臣讀其文。後一年，與諸文學臣語及碑，詔禮部遣官往錄之。震言不須遣使，請筆札帝前疏之。帝密使人拓其本校之，無一字脫悮者。

子熊。宣宗初立，震數於帝前乞官，至流涕。帝不得已，授兵科給事中。

李至剛，名鋼，以字行，松江華亭人。洪武二十一年舉明經。選侍懿文太子，授禮部郎中。坐累謫戍邊，尋召爲工部郎中，遷河南右參議。河決汴堤，至剛議借王府積木，作筏濟之。建文中，調湖廣左參議，坐事繫獄。

成祖卽位，左右稱其才，遂以爲右通政。與修太祖實錄，朝夕在上左右，稱說洪武中事，甚見親信，尋進禮部尙書。永樂二年册立皇太子，至剛兼左春坊大學士，直東宮講筵，與解縉後先進講。已，復坐事下獄，久之得釋，降禮部郎中。恨解縉，中傷之。縉下獄，詞連至剛，亦坐繫十餘年。仁宗卽位，得釋，復以爲左通政。給事中梁盛等劾至剛輩十餘人，當大行晏駕，不宿公署，飮酒食肉，恬無戚容。帝念至剛先朝舊人，出爲興化知府，時年已七十。再歲，歿於官。

至剛爲人敏給，能治繁劇，善傅會。首發建都北平議，請禁言事者挾私，成祖從之。旣得上心，務爲佞諛。嘗言太祖忌辰，宜倣宋制，令僧道誦經。山東野蠶成繭，至剛請賀。陝西進瑞麥，至剛率百官賀。帝皆不聽。中官使眞臘，從者逃三人，國王以國中三人補之，帝令遣還。至剛言：「中國三人，安知非彼私匿？」帝曰：「朕以至誠待內外，何用逆詐。」所建白多不用。

妻父麗重法，至剛爲乞免。帝曰：「獄輕重，外人何以知之？」至剛曰：「都御史黃信爲臣言。」帝怒，誅信。初，至剛與解縉交甚厚。帝書大臣姓名十人，命縉疏其人品，言至剛不端。縉謫廣西，至剛遂奏其怨望，改謫交阯。

方賓，錢塘人。洪武時由太學生試兵部郎中。建文中，署應天府事。坐罪戍廣東。以茹瑺薦，召復官。成祖入京師，賓與侍郎劉儁等迎附，特見委用，進兵部侍郎。四年，儁以尚書出征黎利，賓理部事，有幹才，應務不滯。性警敏，能揣上意，見知於帝，頗恃寵貪恣。七年進尚書，扈從北京，兼掌行在吏部事。明年從北征，與學士胡廣、金幼孜、楊榮，侍郎金純並與機密。自後帝北巡，賓輒扈從。

十九年議親征。尚書夏原吉、吳中、呂震與賓共議，宜且休兵養民。未奏，會帝召賓，賓言糧餉不足，召原吉，亦以不給對。帝怒，遣原吉視糧開平，旋召還下獄。賓方提調靈濟宮。中使進香至，語賓以帝怒。賓懼，自縊死。帝實無意殺賓，聞賓死，乃益怒，戮其屍。

吳中，字思正，武城人。洪武末，爲營州後屯衞經歷。成祖取大寧，迎降。以轉餉捍禦功，累遷至右都御史。永樂五年改工部尚書。從北征，艱歸。起復，改刑部。十九年與夏原吉、方賓等同以言北征餉絀，忤旨繫獄。仁宗卽位，出之，復其官，兼詹事，加太子少保。宣德元年從征樂安。三年坐以官木石遺中官楊慶作宅，下獄，落宮保，奪祿一年。正統六年，殿工成，進少師。明年卒，年七十。追封茌平伯，諡榮襄。

中勤敏多計算。先後在工部二十餘年，北京宮殿，長、獻、景三陵，皆中所營造。職務塡委，規畫井然。然不恤工匠，又溫於聲色，時論鄙之。

劉觀，雄縣人。洪武十八年進士。授太谷縣丞，以薦擢監察御史。三十年遷署左僉都御史。坐事下獄，尋釋。出爲嘉興知府，丁父憂去。

永樂元年擢雲南按察使，未行，拜戶部右侍郎。二年調左副都御史。時左都御史陳瑛殘刻，右都御史吳中寬和，觀委蛇二人間，務爲容悅。四年，北京營造宮室，觀奉命採木浙江，未幾還。明年冬，帝以山西旱，命觀馳傳往，散遣採木軍民。六年，鄭賜卒，擢禮部尚書。十二月與刑部尚書呂震易官。坐事爲皇太子譴責。帝在北京聞之，以大臣有小過，不宜遽折辱，特賜書諭太子。八年，都督僉事費瓛討涼州叛羌，命觀贊軍事。還，坐事，謫本部吏。十三年還職，改左都御史。十五年督浚河漕。十九年命巡撫陝西，考察官吏。

仁宗嗣位，兼太子賓客，旋加太子少保，給二俸。時大理少卿弋謙數言事，帝厭其繁瑣。尙書呂震、大理卿虞謙希旨劾奏，觀復令十四道御史論其誣妄，以是爲輿論所鄙。

時未有官妓之禁。宣德初，臣僚宴樂，以奢相尙，歌妓滿前。觀私納賄賂，而諸御史亦貪縱無忌。三年六月朝罷，帝召大學士楊士奇、楊榮至文華門，諭曰：「祖宗時，朝臣謹飭。年來貪濁成風，何也？」士奇對曰：「永樂末已有之，今爲甚耳。」榮曰：「永樂時，無踰方賓。」帝問：「今日誰最甚者？」榮對曰：「劉觀。」又問：「誰可代者？」士奇、榮薦通政使顧佐。帝乃出觀視河道，以佐爲右都御史。於是御史張循理等交章劾觀，並其子輻諸贓汚不法事。帝怒，逮觀父子，以彈章示之。觀疏辯。帝益怒，出廷臣先後密奏，中有枉法受賕至千金者。觀引伏，遂下錦衣衞獄。明年將置重典。士奇、榮乞貸其死。乃謫輻戍遼東，而命觀隨往，觀竟客死。七年，士奇請命風憲官考察奏罷有司之貪汚者，帝曰：「然。向使不罷劉觀，風憲安得肅。」

贊曰：成祖封茹瑺，以事太祖有功。然考之，未有所表見，意史軼之歟？嚴震直之於廣西，張紞之於雲南，治效卓然。王鈍、鄭賜爲方伯、監司，聲績頗著，至其晚節，皆不克自振，惜夫。郭資、呂震之徒，有幹濟才，而操行無取。李至剛之險，吳中、劉觀之墨，又不足道矣。

明史卷一百五十二

列傳第四十

董倫 王景　儀智 子銘　鄒濟 徐善述　王汝玉〔一〕　梁潛
周述 弟孟簡　陳濟 陳繼　楊翥　俞山　俞綱　潘辰　王英
錢習禮　周敘 劉儼　柯潛 羅璟　孔公恂 司馬恂

董倫，字安常，恩人。洪武十五年以張以寧薦，授贊善大夫，侍懿文太子，陳說剴切。太祖嘉之，進左春坊大學士。太子薨，出爲河南左參議。肇州吏目蘭溪諸葛伯衡廉，倫薦之。帝遽擢爲陝西參議。又言儒學訓導宜與冠帶，別於士子。訓導始注選。三十年坐事謫雲南教官。雲南初設學校，倫以身教，人皆嚮學。

建文初，召拜禮部侍郎兼翰林學士，與方孝孺同侍經筵。御書「怡老堂」額寵之，又賜髹几、玉鳩杖。解縉謫河州，以倫言得召還。倫質直敦厚，嘗勸帝睦親藩，不聽。成祖卽位，倫年已八十，命致仕，尋卒。

其與倫同時爲禮部侍郎者，有王景，字景彰，松陽人。洪武初，爲懷遠教諭。以博學應詔。命作朝享樂章，定藩王朝覲儀。累官山西參政，與倫先後謫雲南。建文初，召入翰林，修太祖實錄。用張紞薦，除禮部侍郎兼翰林侍講。成祖卽位，擢學士。帝問葬建文帝禮，景頓首言：「宜用天子禮。」從之。永樂六年卒於官。

儀智，字居貞，高密人。洪武末，舉耆儒，授高密訓導，遷莘縣教諭。擢知高郵州，課農興學，吏民愛之。永樂元年遷寶慶知府。土人健悍，獨畏智，相戒不敢犯。召爲右通政兼右中允。未幾，遷湖廣右布政使。坐事謫役通州。六年冬，湖廣都指揮使龔忠入見。帝問湖湘間老儒，忠以智對，卽日召之。既至，拜禮部左侍郎。十一年元旦，日當食，尙書呂震請朝賀如常，智持不可。會左諭德楊士奇亦以爲言，乃免賀如智議。

十四年詔吏部、翰林院擇耆儒侍太孫。士奇及蹇義首薦智。太子曰：「吾嘗舉李繼鼎，大惧，悔無及。智誠端士，然老矣。」士奇頓首言：「智起家學官，明理守正。雖耄，精神未衰。廷臣中老成正大，無踰智者。」是日午朝，帝顧太子曰：「侍太孫講讀得人未？」太子對曰：「舉禮部侍郎儀智，議未決。」帝喜曰：「智雖老，能直言，可用也。」遂命輔導皇太孫。每進講書史，必反覆啓迪，以正心術爲本。十九年，年八十，致仕，卒於家。洪熙元年贈太子少保，謚文簡。

季子銘，字子新。宣宗即位，以侍郎戴綸薦，授行在禮科給事中。九年秩滿，帝念智舊勞，改銘修撰。正統三年預修宣廟實錄成，遷侍講，後改郕府長史。郕王監國，視朝午門。廷臣劾王振，叫號莫辨人聲。銘獨造膝前，免冠敷奏。下令旨族振，衆譁始息。景帝卽位，力贊征伐諸大事。尋以潛邸恩，授禮部右侍郎。明年兼經筵官。帝每臨講幄，輒命中官擲金錢於地，任講官遍拾之，號恩典。文臣與者，內閣高穀等外，惟銘與俞山、俞綱、蕭鎡、趙琬數人而已。尋進南京禮部尚書。懷獻太子立，加太子太保，召爲兵部尚書兼詹事。

蘇州、淮安諸郡積雪，民凍餓死相枕。沙灣築河，役山東、河南九萬人，責民間鐵器數萬具。銘請於帝，多所寬恤。因災異，言消弭在敬天法祖，省刑薄斂，節用愛人，錄皇明祖訓錄以進，深見奬納。卒，諡忠襄。

銘少學於吳訥。天性孝友，易直有父風。長子海，錦衣衞百戶。季子泰，舉於鄉，爲禮科給事中。並以父恩授云。

鄒濟，字汝舟，餘杭人。事母以孝聞。博學强記，尤長春秋。爲餘杭訓導，師法嚴。累遷國子學錄、助教，以薦知平度州。永樂初，預修太祖實錄成，除禮部郎中。征安南，從幕府司奏記。還爲廣東右參政，再遷左春坊左庶子，授皇孫經。

濟爲人和易坦夷，無貴賤皆樂親之。秩滿，進少詹事。當是時，宮僚多得罪，徐善述、王汝玉、馬京、梁潛輩被讒，相繼下獄死。濟積憂得疾。皇太子以書慰曰：「卿善自攝。卽有不諱，當提攜卿息，不使墜蓬蒿也。」卒，年六十八。洪熙元年贈太子少保，諡文敏。命有司立祠墓側，春秋祀之。

子幹，字宗盛，濟卒時尚幼。仁宗監國，命爲應天府學生，月賜鈔米。舉正統四年進士。景帝初，由兵部郎中超擢本部右侍郎，以才爲于謙所倚。也先入寇，九門皆閉。百姓避兵者，號城下求入，幹開門納之。尋改禮部，兼庶子，考察山西官吏，黜布政使侯復以下五十餘人。巡視河南、鳳陽水災，與王竑請振。又請令諸生輸粟入監讀書。納粟入監自此始。成化二年振畿內饑，再遷禮部尚書，〔三〕加太子少保。被劾乞休，卒，謚康靖。

徐善述，字好古，天台人。洪武中，行歲貢法，善述首貢入太學。授桂陽州學正。永樂初，以國子博士擢春坊司直郎。見重於皇太子，每稱爲先生，嘗致書賜酒及詩。遷左贊善，坐累死。與鄒濟同日贈太子少師，謚文肅。立祠，春秋祀亦如濟。

王汝玉，名璲，以字行，長洲人。穎敏强記。少從楊維楨學。年十七，舉於鄉。永樂初，由應天府學訓導，擢翰林五經博士，歷遷右春坊右贊善，預修永樂大典。仁宗在東宮，特被寵遇。羣臣應制撰神龜賦，汝玉第一，解縉次之。七年坐修禮書紊制度，當戍邊。皇太子監國，宥之，以爲翰林典籍。尋進左贊善，坐解縉累，瘐死。洪熙初，贈太子賓客，謚文靖，遣官祭其家。

梁潛，字用之，泰和人。洪武末，舉鄉試。授四川蒼溪訓導。以薦除知四會縣，改陽江、陽春，皆以廉平稱。永樂元年召修太祖實錄。書成，擢修撰。尋兼右春坊右贊善，代鄒賜總裁永樂大典。帝幸北京，扈驛召赴行在。十五年復幸北京，太子監國。帝親擇侍從臣，翰林獨楊士奇，以潛副之。有陳千戶者，擅取民財，令旨謫交阯。數日後念其有軍功，貸還。或讒於帝曰：「上所謫罪人，皇太子曲宥之矣。」帝怒，誅陳千戶，事連潛及司諫周冕，逮至行在，親詰之。潛等具以實對。帝謂楊榮、呂震曰：「事豈得由潛！」然卒無人爲白者，俱繫獄。或毀冕放恣，遂併潛誅。潛妻楊氏痛潛非命，不食死。

子棨，由進士爲刑部主事，善辨冤獄。用薦擢廣西副使，進布政使。將士多殺良民報功。棨諭其帥，生致難民一人，准功一級，全活無算。田州土官岑鑑兄弟相讐。棨爲解之，却其厚餽。撫服梗化女土官，民夷服其信義。終浙江布政使。

周述，字崇述，吉水人。永樂二年與從弟孟簡並進士及第。帝手題二人策，獎賞之，並授翰林編修。尋詔解縉選曾棨等二十八人讀書文淵閣，述、孟簡皆與焉。司禮監給紙筆，光祿給朝暮饌，禮部月給膏燭鈔人三錠，工部擇近宅居之，一時以爲榮。

述嘗扈北巡，累進左春坊諭德。仁宗卽位，命從皇太子謁陵南京。召至榻前，問所以匡弼儲君者，對稱旨。宣宗時，進左庶子。正統初，卒官。

孟簡在翰林二十年，始遷詹事府丞，出爲襄王府長史。有言宜留備顧問者，帝曰：「輔朕弟，尤勝於輔朕也。」

述溫厚簡靜，未嘗有疾言遽色，文章雅贍。孟簡謙退不伐，生平無睚眦於人。並爲世所重云。

陳濟，字伯載，武進人。讀書過目成誦。嘗以父命如錢塘，家人齎貨以從。比還，以其貲之半市書，口誦手鈔。十餘年，盡通經史百家之言。成祖詔修永樂大典，用大臣薦，以布衣召爲都總裁，修撰曾棨等爲之副。詞臣纂修者，及太學儒生數千人，繙秘庫書數百萬卷，浩無端倪。濟與少師姚廣孝等數人，發凡起例，區分鉤考，秩然有法。執筆者有所疑，輒就濟質問，應口辨析無滯。書成，授右贊善。謹愼無過，皇太子甚禮重之。凡稽古纂集之事，悉以屬濟。隨事敷奏，多所裨益。五皇孫皆從受經。居職十五年而卒。年六十二。

濟少有酒過，母戒之，終其身未嘗至醉。弟洽爲兵部尙書，事濟如父。濟深懼盛滿，彌自謙抑。所居蓬戶葦壁，裁蔽風雨，終日危坐，手不釋卷。爲文根據經史，不事葩藻。嘗云：「文貴如布帛菽粟，有益於世爾。」

其後有陳繼、楊翥者，亦以布衣通經。用楊士奇薦，繼由博士入翰林。而翥竟用景帝潛邸恩，與俞山、俞綱等皆至大官。自天順後，始漸拘資格。編修馬昇、檢討傅宗不由科目，李賢皆出之爲參議。布衣無得預館閣者，而弘治間潘辰獨以才望得之，一時詫異數焉。

陳繼，字嗣初，吳人。幼孤，母吳氏，躬織以資誦讀。比長，貫穿經學，人呼爲陳五經。奉母至孝，府縣交薦，以母老不就。母卒，哀毀過人。永樂中，復舉孝行，旌其母曰貞節。仁宗卽位，開弘文閣。帝臨幸，問：「今山林亦有名士乎？」楊士奇初不識繼。夏原吉治水蘇、松，得其文，歸以示士奇，士奇心識之。及帝問，遂以繼對。召爲國子博士，尋改翰林五經博士，直弘文閣。宣宗初，遷檢討。引疾歸，卒。

楊翥，字仲舉，亦吳人。少孤貧，隨兄戍武昌，授徒自給。楊士奇微時，流寓窘乏，翥輒解館舍讓之，而己教授他所。士奇心賢之。及貴，薦翥經明行修。宣宗詔試吏部，稱旨，授翰林院檢討，歷修撰。正統中，詔簡郕王府僚。諸翰林皆不欲行，乃出侍講儀銘及翥爲左右長史。久之，引年歸。王卽大位，入朝，拜禮部右侍郎。景泰三年進尙書，給祿致仕。明年卒，年八十五。翥篤行絕俗，一時縉紳厚德者，翥爲最。既沒，景帝念之，召其子璿入覲，授本邑主簿。

俞山，字積之，秀水人。由鄉舉爲郕府伴讀。景帝時，拜吏部右侍郎。而嘉與俞綱由諸生繕寫實錄，試中書舍人，授郕府審理。景帝時，以兵部右侍郎入閣預機務。居三日，固辭，守本官。景帝將易東宮，山密疏諫。不聽。懷獻太子立，加太子少傅，山意不自安，致仕去。綱加太子少保。英宗復辟，山以致仕得免。而綱當景泰時，能周旋二帝間，故得調南京禮部。成化初致仕，卒。

潘辰，字時用，景寧人。少孤，隨從父家京師，以文學名。弘治六年詔天下舉才德之士隱於山林者。府尹唐恂舉辰，吏部以辰生長京師，寢之。恂復奏，給事中王綸、夏昂亦交章薦，乃授翰林待詔。久之，掌典籍事。預修會典成，進五經博士。正德中，劉瑾摘會典小疵，復降爲典籍，俄還故官。南京缺祭酒，吏部推石珤及辰。帝以命珤，而擢辰編修。居九年，超擢太常少卿，致仕歸，卒，特賜祭葬。辰居官勤愼，晨入夜歸。典制誥時，有以幣酬者，堅却之。士大夫重其學行，稱爲南屏先生。

王英，字時彥，金谿人。永樂二年進士。選庶吉士，讀書文淵閣。帝察其愼密，令與王直書機密文字。與修太祖實錄，授翰林院修撰，進侍讀。

二十年扈從北征。師旋，過李陵城。帝聞城中有石碑，召英往視。既至，不識碑所。而城北門有石出土尺餘。發之，乃元時李陵臺驛令謝某德政碑也，碑陰刻達魯花赤等名氏。具以奏。帝曰：「碑有蒙古名，異日且以爲己地，啓爭端。」命再往擊碎之。沉諸河，還奏。帝喜其詳審，曰：「爾是二十八人中讀書者，朕且用爾。」因問以北伐事。英曰：「天威親征，彼必遠遁，願勿窮追。」帝笑曰：「秀才謂朕黷武邪？」因曰：「軍中動靜，有聞卽入奏。」且諭中官勿阻。立功官軍有過，命勿與糧，相聚泣。以英奏，復給予。仁宗卽位，累進右春坊大學士，乞省親歸。

宣宗立，還朝。是時海內宴安，天子雅意文章，每與諸學士談論文藝，賞花賦詩，禮接優渥。嘗謂英曰：「洪武中，學士有宋濂、吳沉、〔三〕朱善、劉三吾，永樂初，則解縉、胡廣。汝勉之，毋俾前人獨專其美。」修太宗仁宗實錄成，遷少詹事，賜麒麟帶。母喪，特與葬祭，遣中官護歸。尋起復。正統元年命侍經筵，總裁宣宗實錄，進禮部侍郎。八年命理部事。浙江民疫，遣祭南鎭。時久旱，英至，大雨，民呼侍郎雨。年七十，再乞休。不許。十二年，英子按察副使裕坐事下獄。英上疏待罪。宥不問。明年進南京禮部尚書，俾就閒逸。居二年卒，年七十五。賜祭葬，謚文安。

英端凝持重，歷仕四朝。在翰林四十餘年，屢爲會試考官，朝廷制作多出其手，四方求銘志碑記者不絕。性直諒，好規人過，三楊皆不喜，故不得柄用。裕後累官四川按察使。

錢習禮，名幹，以字行，吉水人。永樂九年進士。選庶吉士，尋授檢討。習禮與練子寧姻戚。既仕，鄉人以奸黨持之，恒惴惴。楊榮乘間言於帝，帝笑曰：「使子寧在，朕猶當用之，況習禮乎。」仁宗即位，遷侍讀，知制誥，以省親歸。

宣德元年修兩朝實錄，與侍講陳敬宗、陳循同召還，進侍讀學士。英宗開經筵，爲講官。宣宗實錄成，擢學士，掌院事。七年以故鴻臚寺爲翰林院。落成，諸殿閣大學士皆至，習禮不設楊士奇、楊溥座，曰：「此非三公府也。」士奇等以聞。帝命具座。後遂爲故事。

正統九年乞致仕。不許。明年，六部侍郎多闕，帝命吏部尚書王直會大臣推舉，而特旨擢習禮於禮部。習禮力辭。不允。王振用事，達官多造其門，習禮恥爲屈。十二年六月復上章乞骸骨，乃得歸。習禮篤行誼，好古秉禮，動有矩則。家居十五年卒，年八十有九。謚文肅。

周敍，字公敍，吉水人。年十一，能詩。永樂十六年進士。選庶吉士。作黃鸚鵡賦，稱旨，授編修。歷官侍讀，直經筵。正統六年上疏言事，帝嘉納焉。八年夏又上言：「比天旱，陛下責躬虔禱，而臣下不聞效忠補過之言，徒陳情乞用而已。掌銓選者罔論賢否，第循資格。司國計者不問耕桑，惟勤賦斂。軍士困役作，刑罰失重輕，風憲無激揚，言官務緘默。僧道數萬，日耗戶口，流民衆多，莫爲矜恤。」帝以章示諸大臣。王直等皆引罪求罷。十一年遷南京侍講學士。

郕王監國，馳疏言：「君父之讐不共戴天，殿下宜臥薪嘗膽，如越之報吳。使智者獻謀，勇者効力，務掃北庭，雪國恥。先遣辯士，卑詞重幣乞還鑾輿，暫爲君父屈。」因條上勵剛明、親經史、修軍政、選賢才、安民心、廣言路、謹微漸、修庶政八事。王嘉納之。景泰二年又請復午朝，日接大臣，咨諏治道，經筵之餘，召文學從臣講論政事，幷詔天下臣民直言時政缺失。帝因詔求言。

敍負氣節，篤行誼。曾祖以立，在元時以宋、遼、金三史體例未當，欲重修。敍思繼先志，正統末，請於朝。詔許自撰，銓次數年，未及成而卒。

同邑劉儼，字宣化。正統七年進士第一。歷官太常少卿。景泰中，典順天鄉試，黜大學士陳循、王文子，幾得危禍。詳高穀傳。天順初，改掌翰林院事，卒官。贈禮部侍郎，謚文介。儼立朝正直，居鄉亦有令德云。

柯潛，字孟時，莆田人。景泰二年舉進士第一。歷洗馬。天順初，遷尚寶少卿，兼修撰。憲宗卽位，以舊宮僚擢翰林學士。英宗實錄成，進少詹事。慈懿太后之喪，潛與修撰羅璟上章，請合葬裕陵。廷臣相繼爭。未報。潛曰：「朝廷大事，臣子大節，舍是奚所用心。」與璟皆再疏爭，竟得如禮。連遭父母喪，詔起爲祭酒，固乞終制。許之。未幾卒。潛邃於文學，性高介。爲學士時，卽院中後圃構清風亭，鑿池蒔芙蓉，植二柏於後堂，人稱其亭爲柯亭，柏爲學士柏。院中有井，學士劉定之所浚也。柯亭、劉井，翰林中以爲美談云。

羅璟，字明仲，〔四〕泰和人。天順末，進士及第。授編修，進修撰。預修宋元通鑑綱目。累官洗馬。孝宗爲太子，簡侍講讀。母喪歸。璟與尚書尹旻子侍講龍同娶於孔氏。旻得罪，李孜省指璟爲旻黨，調南京禮部員外郎。孝宗嗣位，王恕等言璟才，乃授福建提學副使。弘治五年召爲南京祭酒。久之，卒。

孔公恂，字宗文，先聖五十八世孫也。景泰五年舉會試，聞母疾，不赴廷對。帝以問禮部，具言其故，乃遣使召之。日且午，不及備試卷，命翰林院給以筆札。登第，卽丁母憂歸。衍聖公孔彥縉卒，孫弘緒幼弱，詔遣禮部郎治喪，公恂理其家事。天順初，授禮科給事中。弘緒已襲封，大學士李賢妻以女，公恂因得交於賢。賢言：「公恂，大聖人後，贊善司馬恂，宋大賢溫國公光後。宜輔導太子。」帝喜。同日超拜少詹事，侍東宮講讀。入語孝肅皇后曰：「吾今日得聖賢子孫爲汝子傅。」孝肅皇后者，憲宗生母，方以皇貴妃有寵。於是具冠服拜謝，宮中傳以爲盛事云。

憲宗嗣位，改公恂大理左少卿。公恂言不通法律，乃復少詹事。成化二年上章言兵事，諸武臣譁然，給事御史交章駁之。下獄，謫漢陽知府。未至，丁父憂。服闋，商輅請復建言得罪者官，乃還故秩，涖南京詹事府。久之，卒。

司馬恂，字恂如，浙江山陰人。正統末，由舉人擢刑科給事中，累遷少詹事。憲宗立，命兼國子祭酒。卒，贈禮部左侍郎。恂强記敦厚，與物無忤，居官無所表見。

贊曰：建文之初，修尊賢敬老之節。董倫以宿儒見重，雖寡所表見，當非苟焉已也。儀智父子仍世以儒術進，從容輔導，蓋其賢哉。鄒濟諸人，以宮僚被遇而讒搆不免，陳濟起布衣，列禁近而善始終，固有幸不幸歟。二周、王英、錢習禮、周敍、柯潛謙和直諒，各著其美，蓋皆異於浮華博習之徒矣。

校勘記

〔一〕王汝玉　原列在「徐善述」之上，據傳文次第改正。

〔二〕成化二年振畿內饑再遷禮部尚書　成化二年，原作「成化十二年」。按鄒幹任禮部尚書在成化五年，見本書卷一一一七卿年表、憲宗實錄卷七〇成化五年八月庚申條。他振畿內饑應在成化五年以前。明史稿傳三二鄒濟傳附鄒幹傳、孝宗實錄卷六二弘治五年四月戊午條均作「成化二年」，據改。

〔三〕吳沉　原作「吳沈」，據本書卷三太祖紀、卷一三七吳沉傳改。

〔四〕羅璟字明仲　原「明仲」二字倒置，據明史稿傳三八柯潛傳附羅璟傳、孝宗實錄卷二〇一弘治十六年七月庚寅條、國朝獻徵錄卷七四羅公璟墓志銘改。

明史卷一百五十三

列傳第四十一

宋禮 藺芳　陳瑄 王瑜　周忱

宋禮，字大本，河南永寧人。洪武中，以國子生擢山西按察司僉事，左遷戶部主事。建文初，薦授陝西按察僉事，復坐事左遷刑部員外郎。成祖即位，命署禮部事，以敏練擢禮部侍郎。永樂二年拜工部尚書。嘗請給山東屯田牛種，又請犯罪無力准工者徙北京爲民，並報可。七年丁母憂，詔留視事。

九年命開會通河。會通河者，元至元中，以壽張尹韓仲暉言，自東平安民山鑿河至臨清，引汶絕濟，屬之衞河，爲轉漕道，名曰會通。然岸狹水淺，不任重載，故終元世海運爲多。明初輸餉遼東、北平，亦專用海運。洪武二十四年，河決原武，絕安山湖，會通遂淤。永樂初，建北京，河海兼運。海運險遠多失亡，而河運則由江、淮達陽武，發山西、河南丁夫，陸輓百七十里入衞河，歷八遞運所，民苦其勞。至是濟寧州同知潘叔正上言：「舊會通河四百五十餘里，淤者乃三之一，濬之便。」於是命禮及刑部侍郎金純、都督周長往治之。禮以會通之源，必資汶水。乃用汶上老人白英策，築堽城及戴村壩，橫亙五里，遏汶流，使無南入洸而北歸海。匯諸泉之水，盡出汶上，至南旺，中分之爲二道，南流接徐、沛者十之四，北流達臨清者十之六。南旺地勢高，決其水，南北皆注，所謂水脊也。因相地置閘，以時蓄洩。自分水北至臨清，地降九十尺，置閘十有七，而達於衞；南至沽頭，地降百十有六尺，置閘二十有一，而達於淮。凡發山東及徐州、應天、鎭江民三十萬，蠲租一百一十萬石有奇，二十旬而工成。又奏濬沙河入馬常泊，以益汶。語詳河渠志。是年，帝復用工部侍郎張信言，使興安伯徐亨、工部侍郎蔣廷瓚會金純，濬祥符魚王口至中灤下，復舊黃河道，以殺水勢，使河不病漕，命禮兼董之。八月還京師，論功第一，受上賞。潘叔正亦賜衣鈔。

明年，以御史許堪言衞河水患，命禮往經畫。禮請自魏家灣開支河二，泄水入土河，復自德州西北開支河一，泄水入舊黃河，使至海豐大沽河入海。帝命俟秋成後爲之。禮還言：「海運經歷險阻，每歲船輒損敗，有漂沒者。有司修補，迫於期限，多科斂爲民病，而船亦不堅。計海船一艘，用百人而運千石，其費可辦河船容二百石者二十，船用十人，可運四千石。以此而論，利病較然。請撥鎭江、鳳陽、淮安、揚州及兗州糧，合百萬石，從河運給北京。其海道則三歲兩運。」已而平江伯陳瑄治江、淮間諸河功，亦相繼告竣。於是河運大便利，漕粟益多。十三年遂罷海運。

初，帝將營北京，命禮取材川蜀。禮伐山通道，奏言：「得大木數株，皆尋丈。一夕，自出谷中抵江上，聲如雷，不偃一草。」朝廷以爲瑞。及河工成，復以採木入蜀。十六年命治獄江西。明年造番舟，自蜀召還。以老疾免朝參，有奏事令侍郎代。二十年七月卒於官。

禮性剛，馭下嚴急，故易集事，以是亦不爲人所親。卒之日，家無餘財。洪熙改元，禮部尚書呂震請予葬祭如制。弘治中，主事王寵始請立祠。詔祀之南旺湖上，以金純、周長配。隆慶六年贈禮太子太保。

藺芳，夏縣人。洪武中舉孝廉。累遷刑部郎中。永樂中，出爲吉安知府。寬厚廉潔，民甚德之。吉水民詣闕言縣有銀礦，遣使覆視。父老遮芳訴曰：「聞宋季嘗有言此者，卒以妄得罪。今皆樹藝地，安所得銀礦？」芳詰告者，知其誣。獄具，同官不敢署名，芳請獨任之。奏上，帝曰：「吾固知妄也。」得寢。已，坐事謫辦事官，從宋禮治會通河，復爲工部都水主事。

十年，河決陽武，灌中牟、祥符、尉氏，遣芳按視。芳言：「中鹽隄當暴流之衝，請加築塞。」又言：「自中灤分導河流，使由故道北入海，誠萬世利。」又言：「新築岸埽，止用草索，不能堅久。宜編木成大囷，貫椿其中，實以瓦石，復以木横貫椿表，牽築隄上，則殺水固隄之長策也。」〔二〕詔悉從之。其後築隄者遵用其法。以宋禮薦，擢工部右侍郎。亡何，行太僕卿楊砥言：「吳橋、東光、興濟、交河及天津屯田，雨水決隄傷稼。乞開德州良店東南黄河故道，以分水勢。」復命芳往治之。所經郡邑，有不便民者輒疏以聞。事竣還，十五年十一月卒於官。

芳自奉約，布衣蔬食。事母至孝。母甚賢。芳所治事，暮必告母。有不當，輒加教誡。芳受命唯謹，由是爲良吏云。

陳瑄，字彥純，合肥人。父聞，以義兵千戶歸太祖，累官都指揮同知。瑄代父職。父坐事戍遼陽，瑄伏闕請代，詔併原其父子。瑄少從大將軍幕，以射雁見稱。屢從征南番，又征越巂，討建昌叛番月魯帖木兒，踰梁山，平天星寨，破寧番諸蠻。復征鹽井，進攻卜水瓦寨。賊熾甚。瑄將中軍，賊圍之數重。瑄下馬射，傷足，裹創戰。自巳至酉，全師還。又從征賈哈剌，以奇兵涉打沖河，〔三〕得間道，作浮梁渡軍。既渡，撤梁，示士卒不返，連戰破賊。又會雲南兵征百夷有功，遷四川行都司都指揮同知。

建文末，遷右軍都督僉事。燕兵逼，命總舟師防江上。燕兵至浦口，瑄以舟師迎降，成祖遂渡江。既即位，封平江伯，食祿一千石，賜誥券，世襲指揮使。

永樂元年命瑄充總兵官，總督海運，輸粟四十九萬餘石，餉北京及遼東。遂建百萬倉於直沽，城天津衞。先是，漕舟行海上，島人畏漕卒，多閉匿。瑄招令互市，平其直，人交便之。運舟還，會倭寇沙門島。瑄追擊至金州白山島，焚其舟殆盡。

九年命與豐城侯李彬統浙、閩兵捕海寇。海溢隄圮，自海門至鹽城凡百三十里。命瑄以四十萬卒築治之，爲捍潮隄萬八千餘丈。明年，瑄言：「嘉定瀕海地，江流衝會。海舟停泊於此，無高山大陵可依。請於青浦築土山，方百丈，高三十餘丈，立堠表識。」既成，賜名寶山，帝親爲文記之。

宋禮旣治會通河成，朝廷議罷海運，仍以瑄董漕運。議造淺船二千餘艘，初運二百萬石，寖至五百萬石，國用以饒。時江南漕舟抵淮安，率陸運過壩，踰淮達淸河，勞費甚鉅。十三年，瑄用故老言，自淮安城西管家湖，鑿渠二十里，爲淸江浦，導湖水入淮，築四閘以時宣洩。又緣湖十里築隄引舟，由是漕舟直達於河，省費不訾。其後復濬徐州至濟寧河。又以呂梁洪險惡，於西別鑿一渠，置二閘，蓄水通漕。又築沛縣刁陽湖、濟寧南旺湖長隄，開泰州白塔河通大江。又築高郵湖隄，於隄內鑿渠四十里，避風濤之險。又自淮至臨清，相水勢置閘四十有七，作常盈倉四十區於淮上，及徐州、臨清、通州皆置倉，便轉輸。慮漕舟膠淺，自淮至通州置舍五百六十八，舍置卒，導舟避淺。復緣河隄鑿井樹木，以便行人。凡所規畫，精密宏遠，身理漕河者三十年，舉無遺策。

仁宗卽位之九月，瑄上疏陳七事。一曰南京國家根本，乞嚴守備。二曰推舉宜覈實，無循資格，選朝臣公正者分巡天下。三曰天下歲運糧餉，湖廣、江西、浙江及蘇、松諸府並去北京遠，往復踰年，上逋公租，下妨農事。乞令轉至淮、徐等處，別令官軍接運至京。又快船、馬船所載不過五六十石，每船官軍足用，有司添差軍民遞送，拘集聽候，至有凍餒，請革罷。四曰敎職多非其人，乞考不職者黜之，選俊秀補生員，而軍中子弟亦令入學。五曰軍伍竄亡，乞覈其老疾者，以子弟代，逃亡者追補，戶絕者驗除。六曰開平等處，邊防要地，兵食虛乏，乞選練銳士，屯守兼務。七曰漕運官軍，每歲北上，歸卽修船，勤苦終年。該衞所又於其隙，雜役以重困之，乞加禁絕。帝覽奏曰：「瑄言皆當。」令所司速行。遂降敕奬諭，尋賜券，世襲平江伯。

宣宗卽位，命守淮安，督漕運如故。宣德四年言：「濟寧以北，自長溝至棗林淤塞，計用十二萬人疏濬，半月可成。」帝念瑄久勞，命尙書黃福往同經理。六年，瑄言：「歲運糧用軍十二萬人，頻年勞苦。乞於蘇、松諸郡及江西、浙江、湖廣別僉民丁，又於軍多衞所僉軍，通爲二十四萬人，分番迭運。又江南之民，運糧赴臨淸、淮安、徐州，往返一年，失悞農業，而湖廣、江西、浙江及蘇、松、安慶軍士，每歲以空舟赴淮安載糧。若令江南民撥糧與附近衞所，官軍運載至京，量給耗米及道里費，則軍民交便。」帝命黃福及侍郎王佐議行之。更民運爲兌運，自此始也。八年十月卒於官，年六十有九。追封平江侯，贈太保，謚恭襄。

初，瑄以濬河有德於民，民立祠淸河縣。正統中，命有司春秋致祭。

孫豫，字立卿，讀書修謹。正統末，福建沙縣賊起，以副總兵從寧陽侯陳懋分道討平之，進封侯。也先入犯，出鎭臨淸，建城堡，練兵撫民，安靜不擾。明年召還，父老詣闕請留。從之。景泰五年，山東饑，奉詔振䘏。尋守備南京。天順元年召還，益歲祿百石。七年卒。〔三〕贈黔國公，謚莊敏。

子銳嗣伯。成化初，分典三千營及團營。尋佩平蠻將軍印，總制兩廣。移鎭淮陽，總督漕運。建淮河口石閘及濟寧分水南北二閘。築隄疏泉，修舉廢墜。總漕十四年，章數十上。日本貢使買民男女數人以歸，道淮安。銳留不遣，贖還其家。淮、揚饑疫，煮糜施藥，多所存濟。弘治六年，河決張秋，奉敕塞治。還，增祿二百石，累加太傅兼太子太傅。十三

年，火篩寇大同。銳以總兵官佩將軍印往援。既至，擁兵自守，爲給事中御史所劾，奪祿閒住，其年卒。〔四〕

子熊嗣。正德三年出督漕運。劉瑾索金錢，熊不應，銜之。坐事，逮下詔獄，謫戍海南衞，奪誥券。熊故黷貨，在淮南頗殃民。雖爲瑾搆陷，人無惜之者。瑾誅，赦還復爵。卒，無子。

再從子圭嗣。以薦出鎭兩廣。封川寇起，圭督諸將往討，擒其魁，俘斬數千，加太子太保。復平柳慶及賀連山賊，加太保，廕一子。安南范子儀等寇欽、廉，黎岐賊寇瓊厓，相掎角。圭移文安南，曉以利害，使縛子儀，而急出兵攻黎岐，敗走之。論功，復廕一子，加歲祿四十石。圭能與士卒同甘苦。聞賊所在，輒擐甲先登。深箐絕壑，衝冒瘴毒，無所避，以故所向克捷。在粵且十年，殲諸小賊不可勝數。召還，掌後軍府。圭妻仇氏，咸寧侯鸞女弟也。圭深嫉鸞，鸞數短圭於世宗，幾得罪。鸞敗，帝益重圭，命總京營兵。寇入紫荊關，圭請出戰，營於盧溝，寇退而止。明年，寇復入古北口，或議列營九門爲備，圭以徒示弱無益，寇亦尋退。董築京師外城，加太子太傅。卒，贈太傅，諡武襄。

子王謨嗣。僉書後軍，出鎭兩廣。賊張璉反，屠掠數郡。王謨會提督張臬討平之，擒斬三萬餘。論功加太子太保，廕一子。萬曆中出鎭淮安，〔五〕總漕運，入掌前軍府事。卒，贈少保，諡武靖。傳至明亡，爵絕。

王瑜，字廷器，山陽人。以總旗隸趙王府。永樂末，常山護衞指揮孟賢等與宦官黃儼結，謀弑帝，廢太子而立趙王。其黨高正者，瑜舅也，密告瑜。瑜大驚曰：「奈何爲此族滅計。」垂涕諫。不聽。正懼謀泄，將殺瑜，瑜遂詣闕告變。按治有驗，賢等盡伏誅，而授瑜遼海衞千戶。仁宗卽位，擢錦衣衞指揮同知，厚賜之，幷戒同官，事必白瑜乃行。瑜持大體，不爲苛細，廷中稱其賢。

宣德八年進都指揮僉事，充左副總兵，代陳瑄鎭淮安，董漕運，累進左軍都督僉事。淮安，瑜故鄉也，人以爲榮。在淮數年，守瑄成法不變，有善政。民有親在與弟訟產者。瑜曰：「訟弟不友，無親不孝。」杖而斥之。又有負金不能償，至翁壻兄弟相訟者。瑜曰：「奈何以財故傷恩。」卽代償，勸其敦睦。二卒盜敗舟一板，有司以盜官物，坐卒死。瑜曰：「兩卒之命，抵敗舟一板耶？」竟得末減。歲凶，發官廩以振。然性好貨，爲英宗切責，而前所發不軌事有枉者。正統四年，議事入京。得疾，束兩手如高懸狀，號救求解而卒。

周忱，字恂如，吉水人。永樂二年進士。選庶吉士。明年，成祖擇其中二十八人，令進學文淵閣。忱自陳年少乞預。帝嘉其有志，許之。尋擢刑部主事，進員外郎。

忱有經世才，浮沉郎署二十年，人無知者，獨夏原吉奇之。洪熙改元，稍遷越府長史。宣德初，有薦爲郡守者。原吉曰：「此常調也，安足盡周君。」五年九月，帝以天下財賦多不理，而江南爲甚，蘇州一郡，積逋至八百萬石，思得才力重臣往釐之。乃用大學士楊榮薦，遷忱工部右侍郎，巡撫江南諸府，總督稅糧。

始至，召父老問逋稅故，皆言豪戶不肯加耗，并徵之細民，民貧逃亡，而稅額益缺。忱乃創爲平米法，令出耗必均。又請敕工部頒鐵斛，下諸縣準式，革糧長之大入小出者。舊例，糧長正副三人，以七月赴南京戶部領勘合。既畢，復齎送部。往反資費，皆科斂充之。忱止設正副各一人，循環赴領。訖事，有司類收上之部。民大便。忱見諸縣收糧無團局，糧長即家貯之，曰：「此致逋之由也。」遂令諸縣於水次置囤，囤設糧頭、囤戶各一人，名轄收。至六七萬石以上，始立糧長一人總之，名總收。民持帖赴囤，官爲監納，糧長但奉期會而已。置撥運、綱運二簿。撥運記支撥起運之數，預計所運京師、通州諸倉耗，以次定支。綱運聽其填注剝淺諸費，歸以償之。支撥羨餘，存貯在倉，曰餘米。次年餘多則加六徵，又次年加五徵。

初，太祖平吳，盡籍其功臣子弟莊田入官，後惡富民豪并，坐罪沒入田產，皆謂之官田，按其家租籍征之，故蘇賦比他府獨重。官民田租共二百七十七萬石，而官田之租乃至二百六十二萬石，民不能堪。

時宣宗屢下詔減官田租，忱乃與知府况鍾曲算累月，減至七十二萬餘石，〔六〕他府以次減，民始少甦。七年，江南大稔，詔令諸府縣以官鈔平糴備振貸，蘇州遂得米二十九萬石。故時公侯祿米，軍官月俸，皆支於南戶部。蘇、松民轉輸南京者，石加費六斗。忱奏令就各府支給，與船價米一斗，所餘五斗，通計米四十萬石有奇，幷官鈔所糴，共得米七十萬餘石，遂置倉貯之，名曰濟農。振貸之外，歲有餘羨。凡綱運、風漂、盜奪者，皆借給於此，秋成，抵數還官。其修圩、築岸、開河、濬湖所支口糧，不責償。耕者借貸，必驗中下事力及田多寡給之，秋與糧並賦，凶歲再振。其姦頑不償者，後不復給。定爲條約以聞。帝嘉奬之。終忱在任，江南數大郡，小民不知凶荒，兩稅未嘗逋負，忱之力也。

時漕運，軍民相半。軍船給之官，民則僦舟，加以雜耗，率三石致一石，往復經年失農業。忱與平江伯陳瑄議，民運至淮安或瓜洲水次交兌，漕軍運抵通州。淮安石加五斗，瓜洲又益五升。其附近幷南京軍未過江者，卽倉交兌，加與過江米二斗，襯墊蘆席與折米五合。兌軍或後期阻風，則令州縣支贏米。設廒於瓜洲水次，遷米貯之，量支餘米給守者。由是漕費大省。

民間馬草歲運兩京，勞費不訾。忱請每束折銀三分，南京則輕齎卽地買納。京師百官月俸，皆持俸帖赴領南京。米賤時，俸帖七八石，僅易銀一兩。忱請檢重額官田、極貧下戶兩稅，準折納金花銀，每兩當米四石，解京兌俸，民出甚少，而官俸常足。嘉定、崑山諸縣歲納布，疋重三斤抵糧一石。比解，以縷粗見斥者十八九。忱言：「布縷細必輕，然價益高。今旣貴重，勢不容細。乞自今不拘輕重，務取長廣如式。」從之。各郡驛馬及一切供帳，舊皆領於馬頭。有耗損，則馬頭橫科補買。忱令田畝出米升九合，與秋糧俱征，驗馬上中下直給米。

正統初，淮、揚災，鹽課虧，敕忱巡視。奏令蘇州諸府，撥餘米一二萬石運揚州鹽場，聽抵明年田租，竈戶得納鹽給米。時米貴鹽賤，官得積鹽，民得食米，公私大濟。尋敕兼理松江鹽課。華亭、上海二縣逋課至六十三萬餘引，竈丁逃亡。忱謂田賦宜養農夫，鹽課宜養竈丁。因上便宜四事，命速行之。忱爲節竈戶運耗，得米三萬二千餘石。亦倣濟農倉法，置贍鹽倉，益補逃亡缺額。由是鹽課大殖。浙江當造海船五十艘，下忱計度。忱召問都匠，言一艘須米千石。忱以成大事不宜惜費，第減二十石，奏於朝，竟得報可。以九載秩滿，進左侍郎。六年命兼理湖州、嘉興二府稅糧，又命同刑科都給事中郭瑾錄南京刑獄。

忱素樂易。先是，大理卿胡槩爲巡撫，用法嚴。忱一切治以簡易，告訐者輒不省。或面訐忱：「公不及胡公。」忱笑曰：「胡卿敕旨，在祛除民害。朝廷命我，但云安撫軍民。委寄正不同耳。」既久任江南，與吏民相習若家人父子。每行村落，屏去騶從，與農夫餉婦相對，從容問所疾苦，爲之商略處置。其馭下也，雖卑官冗吏，悉開心訪納。遇長吏有能，如況鍾及松江知府趙豫、常州知府莫愚、同知趙泰輩，則推心與咨畫，務盡其長，故事無不舉。常詣松江相視水利，見嘉定、上海間，沿江生茂草，多淤流，乃濬其上流，使崑山、顧浦諸所水，迅流駛下，壅遂盡滌。暇時以匹馬往來江上，見者不知其爲巡撫也。歷宣德、正統二十年間，朝廷委任益專。兩遭親喪，皆起復視事。忱以此益發舒，見利害必言，言無不聽。

初，欲減松江官田額，依民田起科。戶部郭資、胡濙奏其變亂成法，請罪之，宣宗切責資等。忱嘗言：「吳淞江畔有沙塗柴場百五十頃，水草茂盛，蟲蝝多生其中。請募民開墾，可以足國課，消蟲災。」又言：「丹徒、丹陽二縣田沒入江者，賦尚未除。國初蠲稅之家，其田多併於富室，宜徵其租，沒於江者除之，則額不虧而貧富均。無錫官田賦白米太重，請改征租米。」悉報可。其因災荒請蠲貸，及所陳他利病無算，小者用便宜行之，無所顧慮。久之見財賦充溢，益務廣大。修葺廨舍學校、先賢祠墓、橋梁道路，及崇飾寺觀，贈遺中朝官，資餉過客，無稍吝惜。胥吏漁蠹其中，亦不甚訾省。以故屢召人言。

九年，給事中李素等劾忱妄意變更，專擅科斂，忱上章自訴。帝以餘米既爲公用，置不問。先是，奸民尹崇禮欲撓忱法，奏忱不當多徵耗米，請究問倉庫主者，忱因罷前法。既而兩稅復逋，民無所賴，咸稱不便。忱乃奏按崇禮罪，舉行前法如故。再以九載滿，進戶部尚書。尋以江西人不得官戶部，乃改工部，仍巡撫。

景泰元年，溧陽民彭守學復訐忱如崇禮言，戶部遂請遣御史李鑑等往諸郡稽覈。明年又以給事中金達言，召忱還朝。忱乃自陳：「臣未任事之先，諸郡稅糧無歲不逋。自臣蒞任，設法剗弊，節省浮費，於是歲無逋租，更積贏羨。凡向之公用所須、科取諸民者，悉於餘米隨時支給。或振貸未還，遇赦宥免，或未估時值，低昂不一。〔七〕緣奉宣宗皇帝幷太上皇敕諭，許臣便宜行事，以此支用不復具聞，致守學訐奏，戶部遣官追徵，實臣出納不謹，死有餘罪。」禮部尚書楊寧言：「妄費罪乃在忱，今估計餘值，悉征於民間，至有棄家逃竄者，乞將正統以前者免追。」詔許之，召鑑等還。既而言官猶交章劾忱，請正其罪。景帝素知忱賢，大臣亦多保持之，但令致仕。

然當時言理財者，無出忱右。其治以愛民爲本。濟農倉之設也，雖與民爲期約，至時多不追取。每歲徵收畢，踰正月中旬，輒下檄放糧，曰：「此百姓納與朝廷賸數，今還與百姓用之，努力種朝廷田，秋間又納朝廷稅也。」其所弛張變通，皆可爲後法。諸府餘米，數多至不可校，公私饒足，施及外郡。景泰初，江北大饑，都御史王竑從忱貸米三萬石。忱爲計至來年麥熟，以十萬石畀之。

性機警。錢穀鉅萬，一屈指無遺算。嘗陰爲册記陰晴風雨。或言某日江中遇風失米，忱言是日江中無風，其人驚服。有奸民故亂其舊案嘗之。忱曰：「汝以某時就我決事，我爲汝斷理，敢相紿耶？」三殿重建，詔徵牛膠萬觔，爲綵繪用。忱適赴京，言庫貯牛皮，歲久朽腐，請出煎膠，俟歸市皮償庫。土木之變，當國者議欲焚通州倉，絕寇資。忱適議事至，言倉米數百萬，可充京軍一歲餉，令自往取，則立盡，何至遂付煨燼。頃之，詔趣造盔甲數百萬。忱計明盔浴鐵工多，令且沃錫，數日畢辦。

忱既被劾，帝命李敏代之，敕無輕易忱法。然自是戶部括所積餘米爲公賦，儲備蕭然。其後吳大饑，道殣相望，課逋如故矣。民益思忱不已，即生祠處處祀之。景泰四年十月卒。謚文襄。況鍾等自有傳。

贊曰：宋禮、陳瑄治河通運道，爲國家經久計，生民被澤無窮。周忱治財賦，民不擾而廩有餘羨。此無他故，殫公心以體國，而才力足以濟之。誠異夫造端興事，徼一時之功，智籠巧取，爲科斂之術者也。然河渠之利，世享其成，而忱之良法美意，未幾而澌滅無餘，民用重困。豈非成功之有迹者易以循，而用法之因人者難其繼哉。雖然，見小利而樂紛更，不能不爲當日之曉曉者惜也。

校勘記

〔一〕則殺水固隄之長策也　策，原作「築」，據明史稿傳三七宋禮傳附藺芳傳改。

〔二〕以奇兵涉打沖河　打沖河，原作「打中河」，據本書卷三一一建昌衞傳、太祖實錄卷二一九洪武二十五年七月癸未條改。

〔三〕七年卒　原作「三年卒」，據本書卷一〇六功臣世表、明史稿傳三七陳瑄傳、英宗實錄卷三五七天順九月甲申條改。

〔四〕其年卒　其年，指弘治十三年。依本書卷一〇六功臣世表、孝宗實錄卷一九四弘治十五年十二月甲寅條，應作「十五年」。

〔五〕萬曆中出鎭淮安　萬曆中，應作「隆慶中」。本書卷一〇六功臣世表、穆宗實錄卷五〇隆慶四年十月癸丑條均繫王謨出鎭淮安于隆慶四年。

〔六〕減至七十二萬餘石　減至，本書卷七八食貨志作「減」，國朝獻徵録卷八三沉鏜傳作「減省」，文義較明晰。

〔七〕或未估時值低昂不一　英宗實録卷二〇五景泰二年六月丙子條作「有估計時值低昂不一者」。

明史卷一百五十四

列傳第四十二

張輔，字文弼，河間王玉長子也。燕師起，從父力戰，爲指揮同知。玉歿東昌，輔嗣職。從戰夾河、藁城、彰德、靈壁，皆有功。從入京師，封信安伯，祿千石，予世券。妹爲帝妃。丘福、朱能言輔父子功俱高，不可以私親故薄其賞。永樂三年進封新城侯，加祿三百石。

是時安南黎季犛弒其主，自稱太上皇，立子蒼爲帝。其故王之孫陳天平自老撾來奔，季犛佯請歸國。帝遣都督黃中以兵五千送之，前大理卿薛嵓爲輔。季犛伏兵芹站，殺天平，嵓亦死。帝大怒，命成國公朱能爲征夷將軍，輔爲右副將軍，帥豐城侯李彬等十八將軍，兵八十萬，會左副將軍西平侯沐晟，分道進討。兵部尚書劉儁贊軍事，行部尚書黃福、〔一〕大理寺卿陳洽給饋餉。

四年十月，能卒於軍，輔代領其衆。自憑祥進師，度坡壘關，望祭安南境內山川，檄季犛二十罪。進破隘留、雞陵二關，道芹站，走其伏兵，抵新福。晟軍亦自雲南至，營於白鶴。安南有東、西二都，依宣、洮、沲、富良四江爲險，賊緣江南北岸立柵，聚舟其中，築城於多邦隘，城柵橋艦相連九百餘里，兵衆七百萬，欲據險以老輔師。輔自新福移軍三帶州，造船圖進取。會帝聞朱能卒，勅拜輔爲將軍，制詞以李文忠代開平王常遇春爲比，且言乘冬月瘴癘未興，宜及時滅賊。十二月，輔軍次富良江北，遣驃騎將軍朱榮破賊嘉林江，遂與晟合軍進攻多邦城。佯欲他攻以懈賊，令都督黃中等將死士，人持炬火銅角，夜四鼓，越重濠，雲梯傅其城。都指揮蔡福先登，士蟻附而上，角鳴，萬炬齊舉，城下兵鼓噪繼進，遂入城。賊驅象迎戰。輔以畫獅蒙馬衝之，翼以神機火器。象皆反走，賊大潰。斬其帥二人，追至傘圓山，盡焚緣江木柵，俘斬無算。進克東都，輯吏民，撫降附，來歸者日以萬計。遣別將李彬、陳旭取西都，又分軍破賊援兵。季犛焚宮室倉庫逃入海，三江州縣皆望風降。

明年春，輔遣淸遠伯王友等濟自注江，悉破籌江、困枚、萬劫、普賴諸寨，斬首三萬七千餘級。賊將胡杜聚舟盤灘江。輔使降將陳封襲走之，盡得其舟。遂定東潮、諒江諸府州。尋擊破季犛舟師於木丸江，斬首萬級，擒其將校百餘人，溺死者無算。追至膠水縣悶海口，還軍。築城鹹子關，令都督柳升守之。已，賊由富良江入。輔與晟夾岸迎戰。升等以舟師橫擊，大破之，馘斬數萬，江水爲赤，乘勝窮追。時天旱水淺，賊棄舟陸走。官軍至，忽大雨水漲，遂畢渡。五月至奇羅海口，獲季犛及其子蒼，並僞太子諸王將相大臣等，檻送京師。安南平。得府州四十八，縣一百八十，戶三百十二萬。求陳氏後不得，遂設交阯布政司，以其地內屬。自唐之亡，交阯淪於蠻服者四百餘年，至是復入版圖。帝爲詔告天下，諸王百官奉表稱賀。

六年夏，輔振旅還京師。再賜宴奉天殿，帝爲賦平安南歌，進封英國公，歲祿三千石，予世券。其年冬，陳氏故臣簡定復叛。命沐晟討之，敗績於生厥江。明年春，復命輔佩征虜將軍印，帥師往討。時簡定已僭稱越上皇，別立陳季擴爲皇，勢張甚。輔就叱覽山伐木造舟，招諒江北諸避寇者復業。遂進至慈廉州，破喝門江，克廣威州孔目柵。遇賊鹹子關。賊舟六百餘，保江東南岸。輔帥陳旭等以划船戰，乘風縱火，擒賊帥二百餘人，盡得其舟。追至太平海口。賊將阮景異以三百艘迎敵，〔三〕復大破之。於是季擴自言陳氏後，遣使求紹封。輔曰：「向者遍索陳王後不應，今詐也。吾奉命討賊，不知其他。」遂遣朱榮、蔡福等以步騎先進，輔帥舟師繼之。自黃江至神投海，會師清化，分道入磊江，獲簡定於美良山中，及其黨送京師。八年正月進擊賊餘黨，斬數千人，築京觀，惟季擴未獲。帝留沐晟討之，召輔班師。謁帝於興和，命練兵宣府、萬全，督運北征。

時陳季擴雖請降，實無悛心，乘輔歸，攻剽如故，晟不能制。交人苦中國約束，又數爲吏卒侵擾，往往起附賊，乍服乍叛，將帥益玩寇。九年正月仍命輔與沐晟協力進討。輔至，申軍令。都督黃中素驕，違節度。詰之不遜，斬以徇。將士惕息，無敢不用命者。其年七月破賊帥阮景異於月常江，獲船百餘，生擒僞元帥鄧宗稷等，又捕斬別部賊首數人。以瘴癘息兵。明年八月擊賊於神投海。賊舟四百餘，分三隊，銳甚。輔衝其中堅，賊却，左右隊迭進，官軍與相鉤連，殊死戰。自卯至巳，大破賊，擒渠帥七十五人。進軍乂安府，賊將降者相繼。

十一年冬，與晟會順州，戰愛子江。賊驅象前行。輔戒士卒，一矢落象奴，二矢射象鼻。象奔還，自蹂其衆。裨將楊鴻、韓廣、薛聚等乘勢繼進，矢落如雨，賊大敗。擒其帥五十六人。追至愛母江，盡降其衆。明年正月進至政平州。聞賊屯暹蠻、昆蒲諸柵，遂引兵往。懸崖側徑，騎不得進。輔與將校徒步行山箐中。夜四鼓抵其巢，悉擒阮景異、鄧容等。〔三〕季擴走老撾，遣指揮師祐以兵索之，〔四〕破其三關。遂縛季擴及其孥，送京師。賊平。承制，以賊所取占城地，設升、華、思、義四州，增置衞所，官其降人，留軍守之而還。十三年春至京。旋命爲交阯總兵官往鎮。而餘寇陳月湖等復作亂，輔悉討平之。十四年冬召還。

輔凡四至交阯，前後建置郡邑及增設驛傳遞運，規畫甚備。交人所畏惟輔。輔還一年而黎利反，累遣將討之，無功。至宣德時，柳升敗沒，王通與賊盟，倉卒引還。廷議棄交阯，輔爭之不能得也。

仁宗卽位，掌中軍都督府事，進太師，並支二俸。尋命輔所受太師俸於北京倉支給。時百官俸米皆給於南京，此蓋特恩云。成祖喪滿二十七日，帝素冠麻衣以朝。而羣臣皆已從吉，惟輔與學士楊士奇服如帝。帝歎曰：「輔，武臣也，而知禮過六卿。」益見親重。尋命知經筵事，監修實錄。

宣德元年，漢王高煦謀反，誘諸功臣爲內應，潛遣人夜至輔所。輔執之以聞，盡得其反狀，因請將兵擊之。帝決策親征，命輔扈行。事平，加祿三百石。輔威名益盛，而久握兵。四年，都御史顧佐請保全功臣。詔輔解府務，朝夕侍左右，謀畫軍國重事，進階光祿大夫左柱國，朝朔望。英宗卽位，加號翊運佐理，知經筵、監修實錄如故。

輔雄毅方嚴，治軍整肅，屹如山岳。三定交南，威名聞海外。歷事四朝，連姻帝室，而小心敬慎，與蹇、夏、三楊，同心輔政。二十餘年，海內宴然，輔有力焉。王振擅權，文武大臣望塵頓首，惟輔與抗禮。也先入犯，振導英宗親征，輔從行，不使預軍政。輔老矣，默默不敢言。至土木，死於難，年七十五。追封定興王，謚忠烈。

子懋，九歲嗣公。憲宗閱騎射西苑。懋三發連中，賜金帶。歷掌營府，累加至太師。嘗上言防邊事宜，諫止發京營兵作圓通寺。弘治中，御史李興、彭程下獄，懋論救。復請罷作眞武觀，免織造，召還中官董織者。武宗卽位，與羣小狎遊，懋率文武大臣諫，其言皆切直。然性豪侈，又頗朘削軍士，屢爲言者所糾。嗣公凡六十六年，握兵柄者四十年，尊寵爲勳臣冠。正德十年卒，年亦七十五。贈寧陽王，謚恭靖。萬曆十一年與朱希忠並削王號。孫崙嗣。傳爵至世澤，流寇陷京師，遇害。

初，輔之定交阯也，先後百餘戰。其從征死事最著者，有高士文、徐政。

士文，咸陽人。洪武中，以小校從征雲南及金山有功，爲燕山左護衞百戶。質直剛果，善騎射。從成祖起兵，累官都督僉事。從張輔征交阯。黎季犛旣擒，餘黨竄山谷中，出沒爲寇。五年八月，士文帥所部敗之廣源，進圍其寨。晝夜急攻，垂破，賊突走。士文追與戰，中飛石死。所部復追賊，賊失巢潰散，遂爲指揮程瑒所滅。朝廷念士文功，追封建平伯，令其子福嗣，祿千三百石，予世券。三傳至孫釐，無子，以義子爲嗣，事覺，爵除。

徐政，儀眞人。建文時，爲揚州衞副千戶，以城降成祖，累遷都指揮同知。從征交阯，奪船於三帶江以濟大軍。拔西都，戰鹹子關，皆有功。陳季擴反，盤灘地最要衝，張輔遣政守之。七年八月，賊黨阮景異來攻，與戰，飛鎗貫脇，猶督兵力戰，竟敗賊。賊退，腹潰而死。

黃福，字如錫，昌邑人。洪武中，由太學生歷金吾前衞經歷。上書論國家大計。太祖奇之，超拜工部右侍郎。建文時，深見倚任。成祖列姦黨二十九人，福與焉。成祖入京師，福迎附。李景隆指福姦黨，福曰：「臣固應死，但目爲姦黨，則臣心未服。」帝置不問，復其官。未幾，拜工部尚書。永樂三年，陳瑛劾福不恤工匠，改北京行部尚書。明年坐事，逮下詔獄，謫充爲事官。已，復職，督安南軍餉。

安南既平，郡縣其地，命福以尚書掌布政、按察二司事。時遠方初定，軍旅未息，庶務繁劇，福隨事制宜，咸有條理。上疏言：「交阯賦稅輕重不一，請酌定，務從輕省。」又請：「循瀘江北岸至欽州，設衞所，置驛站，以便往來。開中積鹽，使商賈輸粟，以廣軍儲。官吏俸廩，倉粟不足則給以公田。」又言：「廣西民餽運，陸路艱險，宜令廣東海運二十萬石以給。」皆報可。於是編氓籍，定賦稅，興學校，置官師。數召父老宣諭德意，戒屬吏毋苛擾。一切鎮之以靜，上下帖然。時羣臣以細故謫交阯者衆，福咸加拯恤，甄其賢者與共事，由是至者如歸。鎮守中官馬騏怙寵虐民，福數裁抑之。騏誣福有異志。帝察其妄，不問。仁宗即位，召還，命兼詹事，輔太子。福在交阯凡十九年。及還，交人扶攜走送，號泣不忍別。福還，交阯賊遂劇，訖不能靖。仁宗崩，督獻陵工。

宣德元年，馬騏激交阯復叛。時陳洽以兵部尚書代福，累奏乞福還撫交阯。會福奉使南京，召赴闕，敕曰：「卿惠愛交人久，交人思卿，其爲朕再行。」仍以工部尚書兼詹事，領二司事。比至，柳升敗死，福走還。至雞陵關，爲賊所執，欲自殺。賊羅拜下泣曰：「公，交民父母也，公不去，我曹不至此。」力持之。黎利聞之曰：「中國遣官吏治交阯，使人人如黃尚書，我豈得反哉！」遣人馳往守護，饋白金、餱糧，肩輿送出境。至龍州，盡取所遺歸之官。還爲行在工部尚書。

四年與平江伯董漕事，議令江西、湖廣、浙江及江南北諸郡民，量地遠近，轉粟於淮、徐、臨清，而令軍士接運至北京，民大稱便。五年陳足兵食省役之要。其言足食，謂：「永樂間雖營建北京，南討交阯，北征沙漠，資用未嘗乏。比國無大費，而歲用僅給。即不幸有水旱，征調將何以濟？請役操備營繕軍士十萬人，於濟寧以北，衞輝、眞定以東，緣河屯種。初年自食，次年人收五石，三年收倍之。既省京倉口糧六十萬石，又省本衞月糧百二十萬石，歲可得二百八十萬石。」帝善之，下行在戶、兵二部議。郭資、張本言：「緣河屯田實便，請先以五萬頃爲率，發附近居民五萬人墾之。但山東近年旱饑，流徙初復，衞卒多力役，宜先遣官行視田以俟開墾。」帝從之。命吏部郎中趙新等經理屯田，福總其事。既而有言軍民各有常業，若復分田，役益勞擾，事竟不行。改戶部尚書。

七年，帝於宮中覽福漕事便宜疏，出以示楊士奇曰：「福言智慮深遠，六卿中誰倫比者？」對曰：「福受知太祖，正直明果，一志國家。永樂初，建北京行部，綏輯凋瘵，及使交阯，總藩憲，具有成績，誠六卿所不及。福年七十矣，諸後進少年高坐公堂理政事，福四朝舊人，乃朝暮奔走勞悴，殊非國家優老敬賢之道。」帝曰：「非汝不聞此言。」士奇又曰：「南京根本重地，先帝以儲宮監國。福老成忠直，緩急可倚。」帝曰：「然。」明日改福官南京。明年兼掌南京兵部。英宗卽位，加少保，參贊南京守備襄城伯李隆機務。留都文臣參機務，自福始。隆用福言，政肅民安。正統五年正月卒，年七十八。

福丰儀修整，不妄言笑。歷事六朝，多所建白。公正廉恕，素孚於人。當官不爲赫赫名，事微細無不謹。憂國忘家，老而彌篤。自奉甚約，妻子僅給衣食，所得俸祿，惟待賓客周匱乏而已。初，成祖手疏大臣十人，命解縉評之，惟於福曰：「秉心易直，確乎有守。」無少貶。福參贊南京時，嘗坐李隆側。士奇寄聲曰：「豈有孤卿而旁坐者？」福曰：「焉有少保而贊守備者邪？」卒不變。然隆待福甚恭。公退，卽推福上坐，福亦不辭。士奇之省墓也，道南京，聞福疾，往候之。福驚曰：「公輔幼主，一日不可去左右，奈何遠出？」士奇深服其言。兵部侍郎徐琦使安南回，福與相見石城門外。或指福問安南來者曰：「汝識此大人否？」對曰：「南交草木，亦知公名，安得不識？」福卒，贈謚不及，士論頗不平。成化初，始贈太保，謚忠宣。

劉儁，字子士，江陵人。洪武十八年進士。除兵部主事，歷郎中。遇事善剖決，爲帝所器。二十八年擢右侍郎。建文時，爲侍中。成祖卽位，進尙書。

永樂四年大征安南，以儁參贊軍務。儁爲人縝密勤敏，在軍佐畫籌策有功，還受厚賚。未幾，簡定復叛，儁再出參贊沐晟軍務。六年冬，晟與簡定戰生厥江，敗績。儁行至大安海口，颶風作，揚沙晝晦，且戰且行，爲賊所圍，自經死。洪熙元年三月，帝以儁陷賊不屈，有司不言，未加褒卹，敕責禮官。乃賜祭，贈太子少傅，謚節愍。官其子傘給事中。

與儁同死者呂毅、劉昱。

毅，項城人。以濟南衞百戶從成祖渡江，積功至都督僉事。與同官黃中充左右副將軍，佐征南將軍韓觀鎮廣西。尋與中將兵送故安南王孫陳天平歸國，至芹站，天平被劫去，坐奪官。帝薄毅罪，起爲鷹揚將軍，從張輔討季犛有功，掌交阯都司事。至是與賊戰，深入陷陣死。

昱，武城人。自吏科給事中遷左通政，出爲河南參政，改交阯。嚴肅有治材，吏民畏憚。軍敗，亦死之。

陳洽，字叔遠，武進人。好古力學，與兄濟、弟潑並有名。洪武中，以善書薦授兵科給事中。嘗奉命閱軍，一過輒識之。有再至者，輒叱去。帝嘉其能，賜金織衣。父戍五開歿，洽奔喪。會蠻叛道梗，冒險間行，負父骨以歸。建文中以茹瑺薦，起文選郎中。成祖卽位，擢吏部右侍郎，改大理卿。安南兵起，命洽赴廣西，與韓觀選士卒從征。及大軍出，遂命贊軍務，主饋餉。安南平，轉吏部左侍郎。是時黃福掌布、按二司事，專務寬大，拊循其民。洽甄拔才能，振以風紀，覈將士功罪，建置土官，經理兵食，剖決如流。還朝，命兼署禮部、工部事。七年復參張輔軍討簡定，平之。還，從帝北征，與輔練兵塞外。九年復與輔往交阯，討陳季擴。居五年，進兵部尚書，復留贊李彬軍事。

仁宗召黃福還，以洽掌布、按二司，仍參軍務。中官馬騏貪暴，洽不能制，反者四起，黎利尤桀黠。而榮昌伯陳智、都督方政不相能，寇勢日張。洽上疏言：「賊雖乞降，內懷詭詐，黨羽漸盛，將不可制。乞諭諸將速滅賊，毋爲所餌。」宣宗降敕切責智等，令進兵，復敗於茶籠州，帝乃削智、政官爵。命成山侯王通佩征夷將軍印往討，洽仍贊其軍。宣德元年九月，通至交阯。十一月進師應平，次寧橋。洽與諸將言地險惡，恐有伏，宜駐師覘賊。通不聽，麾兵徑渡，陷泥淖中。伏發，官軍大敗。洽躍馬入賊陣，創甚墜馬。左右欲扶還，洽張目叱曰：「吾爲國大臣，食祿四十年，報國在今日，義不苟生。」揮刀殺賊數人，自剄死。事聞，帝歎曰：「大臣以身殉國，一代幾人！」贈少保，諡節愍。官其子樞刑科給事中。

自黎利反，用兵三四年，將吏先後死者甚衆。

侯保，贊皇人。由國子生歷知襄城、贛榆、博興三縣，有善政。交阯初設府縣，擇人撫綏，以保知交州府，遷右參政。永樂十八年，黎利反，保以黃江要害，築堡守之。賊至，力拒數月，出戰，不勝死。

馮貴，武陵人。舉進士，爲兵科給事中。從張輔征交阯，督兵餉。累遷左參政。涖事明敏，善撫流亡。土兵二千人，驍果善戰，貴撫以恩意，數擊賊有功，中官馬騏盡奪之。黎利反，貴以羸卒數百，禦賊於瑰縣，力屈而死。仁宗時，尚書黄福言狀，贈貴左布政使，保右布政使。然貴嘗言交阯產金，遂命以參議提督金場，時論非之。

伍雲，定遠人。以荆州護衞指揮同知從征交阯，破坡壘、隘留、多邦城，拔東、西二都，皆有功。賊平，調昌江衞。仁宗初，隨方政討黎利於茶籠，深入陷陣死。

陳忠，臨淮人。初爲寬河副千戶。以「靖難」功，積官指揮同知。坐事戍廣西。從征交阯，自箇招市舁小舟入江，劫黎季犛水寨，破之。攻多邦城，先登。論功，還故官，調交州左衞。屢與賊戰有功，進都指揮同知。黎利寇清化，忠戰死。仁宗憫之，與雲皆優恤如制。

李任，永康人。以燕山衞指揮僉事從成祖起兵，累功爲都指揮同知。宣德元年從征交阯，守昌江。黎利以昌江爲官軍往來要路，悉力攻之。時都督蔡福爲賊所獲，逼令招任降。任於城上罵福曰：「汝爲大將，不能殺賊，反爲賊用，狗彘不食汝餘。」發礮擊之。賊擁福去，大集兵象飛車衝梯，薄城環攻。任與指揮顧福帥精騎出城掩擊，燒其攻具。賊又築土山，臨射城中，鑿地道潛入城。任、福隨方禦之。死守九月餘，前後三十戰。賊聞征夷將軍柳升兵將至，益兵來攻。二年四月城陷，任、福猶帥死士三戰三敗賊。賊驅象大至，不能支，皆自剄死。內官馮智、指揮劉順俱自經。城中軍民婦女不屈死者數千人。

劉子輔，廬陵人。由國子生擢監察御史，巡按浙江。性廉平，浙人德之。按察使周新不苟許與，獨稱子輔賢。遷廣東按察使。坐累，左遷諒江知府，善撫循其民。黎利反，子輔與守將集兵民死守亦九閱月，與昌江先後同陷。子輔曰：「吾義不汚賊刃。」卽自縊死。一子一妾皆死。

何忠，字廷臣，江陵人。由進士爲監察御史。廉愼，人莫敢干以私。永樂中，三殿災，言事忤旨，出爲政平知州，民安其政。寧橋之敗，王通詭與賊和，而請濟師於朝，爲賊所遮不得達。賊遣使奉表入謝。通乃遣忠及副千戶桂勝與偕行，以奏還土地爲辭，陰令請兵。至昌江，內官徐訓泄其謀。賊遂拘忠、勝，臨以白刃。二人瞋目怒罵不屈，並忠子皆被害。

徐麒，桂林中衞指揮使，與南寧千戶蔡顒守丘溫。時賊勢已熾，將吏多棄城遁。丘溫被圍，麒與顒猶帥疲卒固守，城陷皆死，無一降者。

易先，湘陰人。以國子生授諒山知府，有善政。歲滿還朝，郡人乞留。詔進秩三品還任。賊破諒山，先自縊死。

周安以指揮僉事守備乂安。黎利勢張，都督蔡福以芻糧將盡，退就東關。旣行，千戶包宣以其衆詣賊降。安等至富良江爲賊所蹙，俱陷賊。賊逼蔡福詣諸城說降。安憤甚，潛與衆謀，俟官軍至爲內應。包宣覺之，以告利。利收安，將殺之，安曰：「吾天朝臣子，豈死賊手！」與指揮陳麟躍起奪賊刀，殺數人，皆自刎死。所部九千餘人，悉被殺。

交阯布政使弋謙以任等十二人死事聞。宣宗歎息，贈任都督同知，福、順、麒都指揮同知，安指揮同知，顒指揮僉事，勝正千戶，並令子孫承襲。子輔、先布政司參政，忠府同知，智太監，並予誥賜祭。惟麟嘗與朱廣開門納賊，故贈恤不及。已而黎利稱臣，歸蔡福、朱廣等六人，盡棄市，籍其家。

李彬，字質文，鳳陽人。父信，從太祖渡江，積功爲濟川衞指揮僉事。彬嗣職，從潁國公傅友德出塞，斬獲多。還，與築諸邊城。成祖起兵，彬歸附，爲前鋒，轉戰有功，累遷右軍都督僉事。永樂元年四月，以丘福議，封豐城侯，祿千石，予世券。明年，襄城伯李濬討永新叛寇，命彬帥師策應。未至，寇平，命以所統鎭廣東。四年召還，捕南陽皁君山寇。其年七月，以左參將賫征夷副將軍印授沐晟，進討安南。十二月，彬及雲陽伯陳旭破安南西都，又大敗賊於木丸江。安南平，論功，與旭皆以臨敵稽緩，不益封，加祿五百石。尋充總兵官，備倭海上，移兵討擒長沙賊李法良，又帥浙、閩兵捕海寇。

十年命往甘肅與西寧侯宋琥經略降酋。彬與柳升嚴兵境上，而令土官李英防野馬川。涼州酋老的罕叛，都指揮何銘戰死，英追躡，盡俘其衆。老的罕走赤斤蒙古。帝欲發兵，彬言道遠餉難繼，宜緩圖之。明年代琥鎮甘肅，赤斤蒙古縛老的罕以獻。帝嘉彬功，賜賚甚厚。十二年從北征，領右哨，破敵於忽失溫，追奔至土剌河。師還，受上賞，移鎮陝西。

十五年二月命佩征夷將軍印，鎮交阯。至則破擒陸那縣賊阮貞，遣都督朱廣等平順州及北畫諸寨。明年，淸化府土巡檢黎利反，彬遣廣討破之。利遁去。十七年遣都督同知方政襲利於可藍栅，獲其將軍阮箇立等。利走老撾。師還，復出爲寇。都指揮黃誠擊走之，以暑雨旋師。

當是時，交人反者四起，彬遣諸將分道往討：方政討車綿子等於嘉興，鄭公証於南策，丁宗老於大灣；朱廣討譚興邦等於別部；都指揮徐源討范軟於俄樂；〔三〕指揮陳原瑰討陳直誠於惡江；都指揮王忠討楊恭於峽山。皆先後報捷。而賊勢尤劇者，彬輒自將往擊。潘僚者，乂安土知府也。爲中官馬騏所虐，反衙儀。彬擊敗之，追至玉麻州，擒其酋，進焚賊栅。僚竄老撾，彬遣都指揮師祐帥師往。僚以老撾兵迎戰，破之農巴林，悉降其衆。范玉者，塗山寺僧也，反東潮州。彬往討，敗之江中。玉脫走，追獲之東潮。而鄭公証之黨黎姪復起，都指揮陳忠等累敗之於小黃江，彬自將追捕，至鎭蠻，盡縛其衆。於是諸賊略平，惟黎利數出沒，聚衆磊江，屢爲徐源、方政所敗，復遁去。

十九年，彬以餽運不繼，請令官軍與土軍參錯屯田，並酌屯守征行多寡之數以聞。帝從之。將發兵入老撾索黎利。老撾懼，請自捕以獻，會彬疾作而罷。明年正月卒。繼之者孟瑛、陳智、李安、方政，皆不能討。王通代鎭，賊勢益盛，交阯遂不可守。

彬卒，贈茂國公，謚剛毅。

子賢嗣，宣德三年從出塞，還修永寧、隆慶諸城。正統初，鎭大同，尋守備南京。景泰二年卒，贈豐國公，謚忠憲。

子勇嗣，再傳至孫昱。正德中鎭貴州，擒思南、石阡流賊，平武定諸蠻，有功，加太子太傅。嘉靖初，鎭湖廣，有威惠，楚人安之。徙兩廣。武定侯郭勛典京營，以罪罷。世宗以昱遠鎭無內黨，召代之，尋坐事罷。卒謚武襄，無子。

從子熙嗣，出鎭湖廣。楚世子獄，株連甚衆，熙言於御史，平反二百餘人。討平沅州、麻陽叛蠻。卒，無子。從子儒嗣，傳至孫承祚，天啓時附魏忠賢，請設海外督理內臣，又請予忠賢九錫。崇禎初，奪爵戍邊。子開先嗣爲伯，都城陷，遇害。

柳升，懷寧人。襲父職爲燕山護衛百戶。大小二十餘戰，累遷左軍都督僉事。永樂初，從張輔征交阯，破賊魯江，斬其帥阮子仁等。守鹹子關。賊入富良江，舟亙十餘里，截江立寨，陸兵亦數萬人。輔將步騎，升將水軍，夾攻，大敗之，獲僞尚書阮希周等。又敗賊於奇羅海口，得舟三百。部卒得季犛及其子澄。升賫露布獻俘，被賞賚。師還，封安遠伯，祿千石，予世券。

七年同陳瑄帥舟師巡海，至青州海中，大破倭，追至金州白山島而還。明年從北征，至回曲津，將神機火器爲前鋒，大敗阿魯台。進封侯，加祿五百石，仍世伯爵。出鎮寧夏，討斬叛將馮答蘭帖木兒等。召還，總京營兵。十二年復從北征，將大營兵戰忽蘭、忽失溫，以火器破敵。

十八年，蒲臺妖婦唐賽兒反。命升與都指揮劉忠將京軍往剿，圍其寨。升自以大將，意輕賊。賊乞降，信之。夜爲所襲，忠中流矢死，賽兒遁去。及明始覺，追獲其黨百餘人。都指揮衛青力戰解安丘圍。升忌其功，摧辱之。徵下獄，已，得釋。

二十年復從北征，將中軍破兀良哈於屈裂兒河，予世侯。帝五出塞，升皆從，數有功，寵待在列侯右。仁宗即位，命掌右府，加太子太傅。

宣德元年冬，成山侯王通征黎利，敗聞。命升爲征虜副將軍，充總兵官，保定伯梁銘爲左副總兵，〔六〕都督崔聚爲參將，尚書李慶贊軍務，帥步騎七萬，會黔國公沐晟往討。時賊勢已盛，道路梗絕，朝廷久不得交阯奏報。二年六月，有軍丁李茂先者三人，間道走京師，言昌江被圍急。帝授三人百戶，敕升急進援，而昌江已於四月陷。九月，升始入隘留關。利僞爲國人上書，請立陳氏後，升不啓封以聞。賊緣途據險列柵，官軍連破之，抵鎮夷關。升以賊屢敗，易之。時李慶、梁銘皆病甚。郎中史安、主事陳鏞言於慶曰：「柳將軍辭色皆驕。驕者，兵家所忌。賊或示弱以誘我，未可知也。防賊設伏，亟書告誡甚切，公宜力言之。」慶强起告升，升不爲意。至倒馬坡，與百餘騎先馳度橋，橋遽壞，後隊不得進。賊伏四起，升陷泥淖中，中鏢死。其日，銘病卒。明日，慶亦卒。又明日，崔聚帥軍至昌江。賊來益衆，官軍殊死鬭。賊驅象大戰。陣亂，賊大呼：「降者不死。」官軍或死或走，無降者，全軍盡沒。史安、陳鏞及李宗昉、潘禋皆死之。

崔聚，懷遠人。從成祖起兵。八年從北征，敗敵於廣漠戍。洪熙元年累遷左軍都督僉事。至是力戰被執，賊百計降之，終不屈死。

升質直寬和，善撫士卒，勇而寡謀，遂及於敗。升敗，沐晟師不得進，亦引還。王通孤軍援絕，遂棄交阯。朝議以升喪師，不令子溥襲爵，久之乃許。正統十二年贈升融國公，謚襄愍。

溥，初掌中府，出鎭廣西。廉愼，然無將略，承山雲後，不能守成法，過於寬弛。瑤、僮相煽爲亂，溥先後討斬大藤峽賊渠，破柳州、思恩諸蠻寨，而賊滋蔓如故。景泰初，兵事亟，召掌右府，總神機營。事定，復出鎭。天順初召還，防宣府、大同，累進太傅。陝西有警，命佩平虜大將軍印往禦。敵再入涼州，溥閉壁不出，敵飽掠去，躡取數十級報捷，被劾，落太傅閒住。尋復起掌神機營。卒，謚武肅。

孫景嗣，景子文，文子珣，凡三世皆鎭兩廣，有平蠻功。嘉靖十九年命珣佩征夷副將軍印，征安南莫登庸。登庸乞降，加太子太傅。又以討瓊州黎賊功，加少保。卒贈太保，謚武襄。傳至明亡，爵絕。

史安，字志靜，豐城人。廉重好學，由進士歷官儀制司郎中。

陳鏞，字叔振，錢塘人。由庶吉士授祠祭司主事。楊士奇稱其淸介端確，表裏一出於正。

李宗昉，不知何許人，亦以主事從。

潘禋，鄞人。以後軍都事從，嘗勸升持重，廣偵探，引芹站、寧橋事爲戒，升不聽。軍敗，格鬬死。

梁銘，汝陽人。以燕山前衞百戶從仁宗守北平。李景隆圍城，戰甚力。積功至後軍都督僉事，侍仁宗監國。永樂八年坐事下獄。十九年赦復職，副都督胡原捕倭廣東。仁宗卽位，進都督同知。以參將佩征西將軍印，同都督同知陳懷鎭寧夏。追論守城功，封保定伯，祿千石，予世券。宣德初，御史石璞劾其貪黷，下獄，當奪爵，宥之。副柳升征交阯。升敗，銘病卒。銘勇敢善戰，能得士卒心。旣死，崔聚獨以衆入，全軍遂覆。

子珤嗣。正統末，充副總兵，討福建盜鄧茂七，擊斬餘賊於九龍山。班師，而賊黨復作，謫充爲事官。從石亨立功，復爵。景泰元年拜平蠻將軍，代王驥討貴州苗。其冬，分四道進攻，大敗之，斬首七千有奇，破寨五百。明年自沅州進兵，與都督方瑛破賊於興澤，又大破之香鑪山，俘僞王韋同烈等，擒斬數千人。分兵攻都勻草塘諸苗，悉震恐降。師還，苗復叛，珤復與瑛討平之。論功，進侯，益祿五百石。四年討平湖廣淸浪叛苗。天順元年出鎭陝西，破敵涼州，又破敵靖虜堡。召還，理左府事。成化初卒。贈蠡國公，諡襄靖。

珤天資平恕，數總兵柄，未嘗妄殺一人。子弟從征，以功授官，輒辭不受，人以爲賢。傳爵至世勳，崇禎初提督京營。京師陷，遇害。

王通，咸寧人，金鄉侯眞子也。嗣父官爲都指揮使，將父兵，轉戰有功，累進都督僉事。復以父死事故，封武義伯，祿千石，予世券。永樂七年董營長陵。十一年進封成山侯，加祿二百石。明年從北征，領左掖。〔七〕二十年從出塞，以大軍殿，連出塞，並領右掖。仁宗即位，命掌後府，加太子太保。

時交阯總兵官豐城侯李彬已前卒，榮昌伯陳智、都督方政以參將代鎭，不協。黎利益張，數破郡邑，殺將吏，智出兵數敗。宣宗削智爵，而命通佩征夷將軍印，帥師往討。黎利弟善攻交州城，都督陳濬等擊却之。會通至，分道出擊。參將馬瑛破賊於石室縣。〔八〕通引軍與瑛合，至應平之寧橋中伏，軍大潰，死者二三萬人，尚書陳洽與焉。通中傷還交州，利在乂安聞之，自將精卒圍東關。通氣沮，陰遣人許爲利乞封，而檄清化迤南地歸利。按察使楊時習執不可，通厲聲叱之。清化守羅通亦不肯棄城，與指揮打忠堅守。朝廷遣柳升等助通，未至。

二年二月，利攻城。通以勁兵五千出不意擣賊營，破之，斬其司空丁禮以下萬餘級。利惶懼欲走。諸將請乘勝急擊。通猶豫三日不出，賊勢復振。樹柵掘濠塹，四出攻掠，分兵陷昌江、諒江，而圍交益急。通斂兵不出。利乞和，通以聞。會柳升戰歿，沐晟師至水尾縣不得進。通益懼，更啗利和，爲利馳上謝罪表。

其年十月大集官吏軍民出城，立壇與利盟，約退師，因宴利，遺利錦綺，利亦以重寶爲謝。十二月，通令太監山壽與陳智等由水路還欽州，而自帥步騎還廣西，至南寧，始以聞。會廷議厭兵，遂棄交阯。交阯內屬者二十餘年，前後用兵數十萬，餽餉至百餘萬，轉輸之費不與焉，至是棄去。官吏軍民還者八萬六千餘人，其陷於賊及爲賊所戮者不可勝計。而土官嚮義者陶季容、陳汀之屬，乃往往自拔來歸。

明年，通還京，羣臣交劾，論死繫獄，奪券，籍其家。正統四年特釋爲民。景帝立，起都督僉事，守京城。禦也先有功，進同知，守天壽山，還其家產。景泰三年卒。天順元年詔通子琮嗣成山伯。琮子鏞，成化時，賜原券。傳爵至明亡。

陶季容者，世爲水尾土官。交阯平，以爲土知縣。歷歸化知州，遷宣化府同知，守北關堡。宣德元年遣所部阮執先等追賊，至清波縣爲所獲。旣而遣執先還，招季容，脅以兵，不爲動。宣宗聞之，擢宣化知府，降敕奬勞。賊復遣人誘季容，季容執以送沐晟，而導官軍敗賊於水尾。王通棄交阯，季容率官屬入朝。

陳汀，古雷縣千夫長，數從方政擊賊有功，政信倚之。王通棄地，汀北行，爲賊所得，授以官，令守交州東關。汀挈其家九十餘人從間道走。賊追之，家屬盡陷，汀獨身入欽州。帝嘉其義，以爲指揮，厚賚之。

他若土官阮世寧、阮公庭，皆不願從利，率所部來歸，乞居龍州、陳州之地。帝命加意撫卹，資糧器用官給之。

贊曰：成祖因季犛篡立，興師問罪以彰天討，求陳氏後不得，從而郡縣其地，得取亂侮亡之道矣。蠻疆險遠，易動難馴，數年之間叛者數起，柳升以輕敵喪師，王通以畏怯棄地。雖黃福惠愛在交，叛人心折，而大勢已去，再至無功。宣宗用老成謀國之言，廓然置之度外，良以其得不爲益，失不爲損，事勢所不必爭，非獨憚於勞民而絀於籌餉也。嘗考黃福與張輔書言：「惡本未盡除，守兵不足用。馭之有道，可以漸安。守之無法，不免再變。」權交事之始終，蓋惜張輔之不得爲滇南之沐氏也。

校勘記

〔一〕行部尙書黄福　行部，原作「刑部」，據本書卷一一一七卿年表、又本卷黄福傳、太宗實錄卷三四永樂三年四月癸未條改。按其時刑部尙書爲呂震，黄福已改行部尙書。

〔二〕賊將阮景異以三百艘迎敵　阮景異，原作「鄧景異」，據大越史記全書卷九後陳紀改。下同。

〔三〕悉擒阮景異鄧容等　鄧容，原作「阮鎔」，據大越史記全書卷九後陳紀改。全書稱：「阮景眞子景異，鄧悉子容，皆憤其父死非辜，領順化軍回淸化。」

〔四〕遣指揮師祐以兵索之　指揮，本卷李彬傳、本書卷三二一安南傳都作「都指揮」。按本書往往稱都指揮爲指揮。

〔五〕討范軟於俄樂　俄樂，本書卷三二一安南傳作「浮樂」。

〔六〕保定伯梁銘爲左副總兵　保定伯，原作「保定侯」，據本書卷九仁宗紀、又本卷梁銘傳、明史稿傳三一柳升傳附梁銘傳改。

〔七〕領左掖　左掖，原作「右掖」，據明史稿傳三一王通傳、太宗實錄卷九一永樂十二年二月庚戌條改。按太宗實錄領右掖者爲譚靑，此應作「左掖」。

〔八〕參將馬瑛破賊於石室縣　明史稿傳三一王通傳作「破賊清威」，明史卷三二一安南傳作「馬瑛敗賊清威，至石室」，王世貞安南傳二作「大破賊於清威，至石室」。

明史卷一百五十五

列傳第四十三

宋晟 薛祿郭義 金玉 劉榮 朱榮 費瓛 譚廣

陳懷馬亮 蔣貴孫琬 任禮 趙安 趙輔 劉聚

宋晟，字景陽，定遠人。父朝用，兄國興，並從渡江，皆積功至元帥。攻集慶，國興戰歿，晟嗣其職。既而朝用請老，晟方從鄧愈克徽州，召還，襲父官。累進都指揮同知，歷鎮江西、大同、陝西。洪武十二年坐法降涼州衞指揮使。十七年五月討西番叛酋，至亦集乃路，擒元海道千户也先帖木兒、國公吴把都剌赤等，俘獲萬八千人，送酋長京師，簡其精鋭千人補卒伍，餘悉放遣。召還，復爲都指揮，進右軍都督僉事，仍鎮涼州。

二十四年充總兵官，與都督劉真討哈梅里。其地去肅州千餘里。晟令軍中多具糧糗，倍道疾馳，乘夜至城下。質明，金鼓聲震地，闔城股栗，遂克之。擒其王子别兒怯帖木兒，〔一〕

及僞國公以下三十餘人，收其部落輜重以歸。自是番戎懾服，兵威極於西域。明年五月從藍玉征罕東，徇阿眞川，土酋哈昝等遁去。師還，調中軍都督僉事。

二十八年六月從總兵官周興出開原，至忽刺江。部長西陽哈遁，追至甫答迷城，俘人畜而還。明年拜征南右副將軍，討廣西栟𣗥諸寨苗，擒斬七千餘人。又明年，總羽林八衞兵討平五開、龍里苗。三十一年出鎭開平，從燕王出塞，還城萬全諸衞。建文改元，仍鎭甘肅。

成祖卽位，入朝，進後軍左都督，拜平羌將軍，遣還鎭。永樂三年招降把都帖木兒、倫都兒灰等部落五千人，獲馬駝牛羊萬六千。封西寧侯，祿千一百石，世指揮使。晟凡四鎭涼州，前後二十餘年，威信著絕域。帝以晟舊臣，有大將材，專任以邊事，所奏請輒報可。御史劾晟自專。帝曰：「任人不專則不能成功，況大將統制一邊，寧能盡拘文法。」卽敕晟以便宜從事。晟嘗請入朝。報曰：「西北邊務，一以委卿，非召命，毋輒來。」尋命營河西牧地，及圖出塞方略。會病卒，五年七月也。

晟三子。長瑄，建文中爲府軍右衞指揮使，戰靈璧，先登，斬數級，力鬭死。瑄弟琥，尙成祖女安成公主，得嗣侯，予世券。八年佩前將軍印，鎭甘肅。十年與李彬捕叛酋老的罕，俘斬甚衆。召還。洪熙元年坐不敬奪爵，并削駙馬都尉官。宣德中復都尉。琥既廢，弟瑛嗣。瑛尙咸寧公主。正統中，歷掌左軍前府事。瓦剌也先入寇，瑛充總兵官，督大同守將朱冕、石亨等戰陽和，全軍敗沒，瑛及冕皆戰死。贈鄆國公，謚忠順。子傑嗣。景泰中典禁兵宿衞，以謹愼稱。卒，子誠嗣。署右府事，復佩平羌將軍印，鎭甘肅。誠有材武，嘗出獵至涼州，遇寇掠牛馬北去。誠三矢殪三人，寇驚散，盡驅所掠還。九傳至孫裕德，死流寇難。

薛祿，膠人。行六，軍中呼曰薛六。既貴，乃更名祿。祿以卒伍從燕起兵，首奪九門。眞定之戰，左副將軍李堅迎鬬。鋒始交，祿持槊刺堅墜馬，擒之。擢指揮僉事。從援永平，下大寧、富峪、會州、寬河。還救北平，先驅敗南軍游騎。進指揮同知。攻大同，爲先鋒。戰白溝河，追奔至濟南，遷指揮使。戰東昌，以五十騎敗南兵數百。時成祖爲盛庸所敗，還走北平。庸檄眞定諸將屯威縣、深州，邀燕歸路。祿皆擊走之。戰滹沱河，右軍却。祿馳赴陣，出入數十戰，破之，追奔至夾河，斬馘無算。戰單家橋，爲平安所執，奮脫縛，拔刀殺守卒，馳還復戰，大敗安軍。掠順德、大名、彰德。攻西水寨，生擒都指揮花英。乘勝下東阿、東平、汶上，連戰淝河、小河、靈璧，功最。入京師，擢都督僉事。永樂六年進同知。八年充驃騎將軍，從北征，進右都督。十年上言：「自古用人，必資豫教。今武臣子弟閒暇不教，恐緩急無可使者。」帝韙其言。會四方送幼軍數萬至，悉隸祿操習之。十五年以行在後軍都督董營造。

十八年十二月定都北京，授奉天靖難推誠宣力武臣，封陽武侯，祿千一百石。二十一年將右哨從北征。還，討平長興盜。二十二年再領右哨從北征。

仁宗卽位，命掌左府，加太子太保，予世券。洪熙元年充總兵官，備禦塞外。尋以獲寇功，益祿五百石。是年頒諸將軍印於各邊鎭，祿佩鎭朔大將軍印，巡開平，至大同邊。

宣宗卽位，召還，陳備邊五事。尋復遣巡邊。宣德元年從征樂安，爲前鋒。高煦就擒，留祿與尚書張本鎭撫之。明年春，奉詔巡視畿南諸府城池，嚴戒軍士毋擾民，違者以軍法論。是夏復佩大將軍印，北巡開平，還駐宣府。敵犯開平，無所得而退，去城三百餘里。祿帥精兵晝伏夜行，三夕至。縱輕騎蹂敵營，破之，大獲人畜。師還，敵躡其後，復奮擊敗之，敵由是遠遁。召還。三年從北征，破敵於寬河，留鎭薊州、永平。復數佩鎭朔印，巡邊護餉，出開平、宣府間。五年遇敵於鳳凰嶺，斬獲多，加太保。上言永寧衞團山及鵰鶚、赤城、雲州、獨石宜築城堡，便守禦。詔發軍民三萬六千赴工，精騎一千五百護之，皆聽祿節制。臨行賜詩，以山甫、南仲爲比。祿武人不知書，以問楊士奇。士奇曰：「上以古賢人待君也。」祿拊心曰：「祿安敢望前賢，然敢不勉圖報上恩萬一。」其年六月有疾，召還。踰月卒。贈鄞國公，謚忠武。

祿有勇而好謀，謀定後戰，戰必勝。紀律嚴明，秋毫無犯。善撫士卒，同甘苦，人樂爲用。「靖難」諸功臣，張玉、朱能及祿三人爲最，而祿逮事三朝，巋然爲時宿將。孫詵嗣。至曾孫翰卒，無子，族人爭襲，久之不得請，田宅並入官，世絕者三十餘年。萬曆五年乃復封翰族子鋹爲侯。再傳至濂。崇禎末，京師陷，被害。

永樂中從起兵北平，後積功至大將，封侯伯不以「靖難」功者，薛祿及郭義、金玉、劉榮、朱榮凡五人，而義、玉與祿同日封云。

郭義，濟寧人。洪武時，累功爲燕山千戶。從成祖入京師，累遷左都督。永樂九年坐曠職謫交阯立功，已而宥之。數從出塞，有功，封安陽侯，祿千一百石，亦授奉天靖難武臣號。時義在南京，疾革，聞命而卒。

金玉，江浦人。襲父官爲羽林衞百戶，調燕山護衞。從起兵有功，累遷河南都指揮使。永樂三年進都督僉事。八年充鷹揚將軍從北征。師旋，爲殿。至長秀川，收敵所棄牛羊雜畜亙數十里。十四年討平山西妖賊劉子進。論前後功，封惠安伯，祿九百石。十九年卒。妾田氏自經以殉，贈淑人。

劉榮，宿遷人。初冒父名江。從魏國公徐達戰灰山、黑松林。爲總旗，給事燕邸。雄偉多智略，成祖深器之，授密雲衞百戶。從起兵爲前鋒，屢立戰功。徇山東，與朱榮帥精騎三千，夜襲南軍於滑口，斬數千人，獲馬三千，擒都指揮唐禮等。累授都指揮僉事。戰滹沱河，奪浮橋，掠館陶、曹州，大獲。還軍救北平，敗平安軍於平村。楊文以遼東兵圍永平，江往援，文引却。江聲言還北平，行二十餘里，卷甲夜入永平。文聞江去，復來攻。江突出掩擊，大敗之，斬首數千，擒指揮王雄等七十一人。還都指揮使。從至淝河，與白義、王眞以輕騎誘致平安，敗之。

時南軍駐宿州，積糧爲持久計。成祖患之，議絕其餉道。命江將三千人往，趦趄不行。成祖大怒，欲斬之。諸將叩首請，乃免。渡江策功，以前罪不封，止授都督僉事。還中府右都督。

永樂八年從北征，以遊擊將軍督前哨。乘夜據淸水源，敗敵斡難河，復敗阿魯台於靖虜鎭。師還爲殿，卽軍中進左都督，遣鎭遼東。敵闌入殺官軍。帝怒，命斬江，旣而宥之。九年復鎭遼東。十二年再從北征，仍爲前鋒，將勁騎偵敵於飲馬河。見敵騎東走，追至康哈里孩，擊斬數十人。復與大軍合擊馬哈木於忽失溫，下馬持短兵突陣，斬獲多，受上賞。復充總兵官，鎭遼東。

倭數寇海上，北抵遼，南訖浙、閩，瀕海郡邑多被害。江度形勢，請於金線島西北望海堝築城堡，設烽堠，嚴兵以待。十七年六月，瞭者言東南海島中擧火。江急引兵赴堝上。倭三十餘舟至，泊馬雄島，登岸奔望海堝。江依山設伏，別遣將斷其歸路，以步卒迎戰，佯卻。賊入伏中，礮擧伏起，自辰至酉，大破賊。賊走櫻桃園空堡中。江開西壁縱之走，復分兩路夾擊，盡覆之，斬首千餘級，生擒百三十人。自是倭大創，不敢復入遼東。詔封廣寧伯，祿千二百石，予世券，始更名榮。尋遣還鎭。明年四月卒。

榮爲將，常爲軍鋒，所向無堅陣。馭士卒有紀律，恩信嚴明。諸欵塞者，撫輯備至。旣卒，人咸思之。贈侯，謚忠武。

子湍嗣。卒，無子，弟安嗣。正統十四年與郭登鎭大同，也先擁英宗至城下，邀登出見，登不可。安出見，伏哭帝前。景帝降敕切責。安馳至京師，言奉上皇命來告敵情，且言進己爲侯。羣臣交劾，下獄論死。會京師戒嚴，釋安充總兵官，陣東直門。寇退，進都督同知，守備白羊口，復伯爵。英宗復位，予世侯，再益祿三百石。曹欽反，安被創，加太子少傅。成化中卒。贈嶧國公，謚忠僖。傳爵至明亡。

朱榮，字仲華，沂人。洪武十四年以總旗從西平侯沐英征雲南。累官副千戶。守大寧，降於成祖。襲孫霖於滑口，圍定州，斷南軍餉道，大小二十餘戰，論功授都督僉事。永樂四年從新城侯張輔征交阯，破雞陵關，會沐晟於白鶴。輔等議於嘉林江上流濟師，〔二〕遣榮陣下流十八里，日增其數以惑賊。又作舟筏爲欲濟狀，以牽制之。賊果分兵渡江登岸。榮等奮擊，大破之。大軍進克多邦城，榮功爲多。帝以榮嘗怠事，師還論功，僅擢右都督，賜白金鈔幣。七年復從輔討賊餘黨，平之。

明年督右掖，從征阿魯台，與劉榮並進左都督。十二年復從北征，與榮俱爲前鋒。其冬充總兵官，鎮大同。修忙牛嶺、兔毛河、赤山、榆楊口、來勝諸城，〔三〕寇不敢近。居三年，召還。十八年代劉榮鎮遼東。二十年復從北征，爲前鋒。駐鸚鶻訶寇，以五千騎覘敵所向。大軍次玉沙泉。榮帥銳士三百人，人三馬，齎二十日糧深入。敵已棄牛羊馬駝北走，悉收之，焚其輜重，移師破兀良哈。師還，封武進伯，祿千二百石，仍鎭遼東。二十二年復從北征。已，還鎭。洪熙元年佩征虜前將軍印，鎭如故。其年七月卒於鎭。贈侯，謚忠靖。子冕嗣。以晉王濟熿新廢，命鎭山西，尋召還。六年命輸餉獨石，因巡其地。正統四年，佩征西將軍印，鎭大同。十四年從北征，戰於陽和，死之。謚忠愍。子瑛嗣。傳爵至明亡。

費瓛，定遠人。祖愚，洪武時爲燕府左相，改授燕山中護衞指揮使，傳子肅。至瓛從成祖起兵有功，累進後軍都督僉事。

永樂八年春，涼州衞千戶虎保、永昌衞千戶亦令眞巴等叛，衆數千，屯據驛路。新附伯顏帖木兒等應之。西鄙震動。都指揮李智擊之不勝。賊聲言攻永昌、涼州城。皇太子命瓛往討。至涼州，智及都指揮陳懷以師會，遂進兵鎭番。遇賊於雙城。瓛擊其左，懷等擊其右。賊大敗走，斬首三百餘級。追奔至黑魚海，獲賊千餘，馬駝牛羊十二萬。虎保等遠遁。乃班師。

十二年充總兵官，鎭甘肅。瓛以肅州兵多糧少，脫有調發，猝難措置，請以臨鞏稅糧付近邊軍丁轉運。又以涼州多閒田，請給軍屯墾。從之。洪熙元年予平羌將軍印。永樂時，諸邊率用宦官協鎮，恣睢專軍務，瓛亦爲所制。仁宗知之，賜璽書責之曰：「爾以名臣後，受國重寄，乃俯首受制於人，豈大丈夫所爲！其痛自懲艾，圖後效。」瓛得書陳謝。

宣宗嗣位，進右府左都督。元年七月入朝，封崇信伯，祿千一百石。從征高煦，次流河驛。帝念前鋒薛祿軍少，命瓛帥兵益之。還，予世券，復鎮甘肅。二年，沙州衛賊屢劫撒馬兒罕及亦力把里貢使，瓛討破之。明年卒於鎮。

瓛爲人和易，善撫士。在鎮十五年，境內寧謐。

子釗嗣。從征鄧茂七，還掌都督府。天順中，受武定侯郭英次孫昭賂，誣嫡孫昌不孝，欲奪其爵。法司請逮治。詔解府事。卒，子淮嗣爵。傳至明亡乃絕。

譚廣，字仲宏，丹徒人。洪武初，起卒伍，從征金山，爲燕山護衞百戶。從成祖起兵，以百騎掠涿州，生得將校三十人。戰白溝、眞定、夾河咸有功，屢遷指揮使，留守保定。都督韓觀帥師十二萬來攻。廣以孤軍力拒四十餘日，伺間破走之。

永樂九年進大寧都指揮僉事。〔四〕董建北京。既而領神機營，從北征，充驍騎將軍。十一年練軍山西。明年從征九龍口，爲前鋒。賊數萬憑岸，廣命挽强士射之。萬矢齊發，死者無算。乘勝夾擊，賊大敗。論功，進都督僉事。

仁宗嗣位，擢左都督，佩鎭朔將軍印，鎭宣府。宣德三年請軍衞如郡縣例，立風雲雷雨山川社稷壇。六年以宣府糧少，請如開平、獨石召商中鹽納粟，以足兵食。俱從之。明年，帝從戶部議，令他衞軍戍宣府者，悉遣還屯種。廣上言：「臣所守邊一千四百餘里，敵人窺伺，竊發無時。脫有警，徵兵數百里外，勢豈能及。屯種之議，臣愚未見其可。」帝以邊卒戍守有餘，但命永樂中調戍者勿遣。

正統初，朝議以脫歡雖款塞，狡謀未可測，命廣及他鎭總兵官陳懷、李謙、王彧圖上方略。廣等各上議，大要謂：「邊寇出沒不常，惟守禦爲上策。宜分兵扼要害，而間遣精銳巡塞外，遇敵則量力戰守，間諜以偵之，輕兵以躡之。寇來無所得，去有所懼，則邊患可少弭。」帝納其言。六年十一月以禦敵功，封永寧伯，祿千二百石，仍鎭宣府。八年乞致仕。優詔不許。明年十月召還陛見。帝憫其老，免常朝。是月卒，年八十二。謚襄毅。

廣長身多力，奮跡行伍至大將，大小百餘戰，未嘗挫衄。在宣府二十年，修屯堡，嚴守備，增驛傳，又請頒給火器於各邊。將校失律，卽奏請置罪，而撫士卒有恩。邊徼帖然，稱名將。嘗逞憤杖殺都司經歷，又以私憾杖百戶，並爲言官所劾。置不問。既卒，吏部言非世券，授其子序指揮使。

陳懷，合肥人。襲父職爲眞定副千戶。永樂初，積功至都指揮僉事。從平安南，進都指揮使，涖山西都司事。再從張輔擒安南賊簡定，從都督費瓛征涼州叛人虎保，皆有功。仁宗立，進都督同知。

宣德元年代梁銘爲總兵官，鎭寧夏。時官軍征交阯者屢敗，詔發松潘軍援之，將士憚行。千戶錢宏與衆謀，詐言番叛，帥兵掠麥匝諸族。番人震恐，遂反。殺指揮陳傑等，陷松潘、疊溪，圍威、茂諸州。指揮吳玉、韓整、高隆相繼敗績，西鄙騷然。詔遣鴻臚丞何敏、指揮吳瑋往招之，而命懷統劉昭、趙安、蔣貴帥師數萬隨其後。瑋等至，賊不順命。瑋與龍州知州薛繼賢擊賊，復松潘。比懷至，仍用瑋前鋒，遂復疊溪，降二十餘寨，招撫復業者萬二千二百餘戶，歸所掠軍民二千二百餘人，事遂定。進左都督，厚賚金幣，而絀瑋功不錄。懷留鎭四川。在鎭驕縱不法，干預民事，受賕庇罪人，侵奪屯田，笞辱僉事柴震等，數爲言官所劾。帝降敕責讓，復以御史王禮彈章示之。懷引罪。置不問。

六年，松潘勒都、北定諸族曁空郎、龍溪諸寨番復叛。懷遣兵戰敗，指揮安寧等死者三百餘人。懷乃親督兵深入，破革兒骨寨，進攻空郎乞兒洞。賊敗，斬首墜崖死者無算。革兒骨賊復聚生苗邀戰。擊破之，剿戮殆盡。於是任昌、牛心諸寨番聞風乞降，羣寇悉平。久之，巡按御史及按察使復奏：「懷僭侈踰分。每旦，令三司官分班立，有事跪白。懷中坐，稱旨行遣。且日荒於酒，不飭邊備，致城寨失陷。」宣宗怒，召懷還，命文武大臣鞫之，罪當斬。下都察院獄，宥死落職。

正統二年以原官鎮大同。時北人來貢者日給廩餼，爲軍民累。懷言於朝，得減省。居二年，以老召還，命理中府事。九年春，與中官但住出古北口，征兀良哈。還與馬亮等同封，而懷得平鄉伯。十四年扈駕北征，死土木。贈侯，謚忠毅。

子輔乞襲爵，吏部言非世券，執不許。景帝以懷死事，許之。輔卒，子政請襲，吏部執如初，中旨許嗣。政鎮兩廣久，自陳軍功，乞世券，吏部復執不可，詔予之。政卒，子信嗣。弘治中卒，無子，弟俊嗣指揮使。

馬亮，淇人。以燕山衞卒從成祖起兵，累功至都指揮僉事。宣宗時官至左都督。兀良哈之役，偕中官劉永誠出劉家口，至黑山、大松林、流沙河諸處，遇賊勝之，還封招遠伯。是役也，王振主之，故諸將功少率得封。

亮善騎射，每戰身先士卒，所向克捷，時稱驍將。爲伯三年卒。謚榮毅。

蔣貴，字大富，江都人。以燕山衞卒從成祖起兵。雄偉多力，善騎射，積功至昌國衞指揮同知。從大軍征交阯及沙漠，遷都指揮僉事，掌彭城衞事。

宣德二年，四川松潘諸番叛，充右參將，從總兵官陳懷討之。募鄉導，絕險而進，薄其巢，一日十數戰，大敗之。進都指揮同知，鎭守密雲。七年復命爲參將，佐懷鎭松潘。明年進都督僉事，充副總兵，協方政鎭守。又明年，諸番復叛，政等分道進討。貴督兵四千，攻破任昌大寨，會都指揮趙得、宮聚兵以次討平龍溪等三十七寨，斬首一千七百級，投崖墜水死者無算。捷聞，進都督同知，充總兵官，佩平蠻將軍印，代政鎭守。

英宗卽位，以所統皆極邊地，奏增軍士月糧。正統元年召還，爲右都督。阿台寇甘、涼，邊將告急，命佩平虜將軍印，帥師討之。賊犯莊浪，都指揮江源戰死，亡士卒百四十餘人。侍郎徐晞劾貴，朝議以貴方選軍甘州，勢不相及，而莊浪乃晞所統，責晞委罪，置貴不問。

明年春，諜報敵駐賀蘭山後。詔大同總兵官方政、都指揮楊洪出大同迤西，貴與都督趙安出涼州塞會勦。貴至魚兒海子，都指揮安敬言前途無水草，引還。鎮守陝西都御史陳鎰言狀，〔五〕尚書王驥出理邊務，斬敬，責貴立功。貴感奮，會朶兒只伯懼罪，連遣使入貢，敵勢稍弱。貴帥輕騎敗之於狼山，追抵石城。已，聞朶兒只伯依阿台於兀魯乃地，貴將二千五百人爲前鋒往襲。副將李安沮之，貴拔劍厲聲叱安曰：「敢阻軍者死。」遂出鎭夷，間道疾馳三日夜，抵其巢。阿台方牧馬，貴猝入馬羣，令士卒以鞭擊弓韣驚馬，馬盡佚。敵失馬，挽弓步鬬。貴縱騎蹂擊，指揮毛哈阿奮入其陣，大敗之。復分軍爲兩翼，別遣百騎乘高爲疑兵，轉戰八十里。會任禮亦追敵至黑泉，阿台與朶兒只伯以數騎遠遁，西邊悉平。三年四月，王驥以捷聞，論功封定西伯，食祿一千二百石，給世券。明年代任禮鎭甘肅。又明年冬，以征麓川蠻思任發，召還京。

六年命佩平蠻將軍印，充總兵官，與王驥帥師抵金齒。分路進搗麓川上江寨，破杉木籠山七寨及馬鞍山象陣，〔六〕功皆第一。事詳王驥傳。明年，師還，進封侯，益祿三百石。八年夏，復佩平蠻將軍印，與王驥討思任發子思機發，攻破其寨。明年，師還，賞賚甚渥，加歲祿五百石。是役也，貴子雄乘敵敗，帥三十人深入。敵扼其後，自刎沉於江。贈懷遠將軍、彭城衞指揮使。

十四年正月，貴卒，年七十。贈涇國公，諡武勇。

貴起卒伍，不識字，天性樸實，忘己下人，能與士卒同甘苦。出境討賊，衣糧器械常身自囊負，不役一人，臨陣輒身先之，以故所向有功。

子義，病不能嗣，以義子琬嗣侯。天順末，佩平羌將軍印，總兵甘肅，築甘州沙河諸屯堡。

成化八年召還，協守南京，兼督操江。十年入督十二團營，尋兼總神機營兵。上言：「太祖肇建南京，京城外復築土城以衞居民，誠萬世之業。今北京但有內城。己巳之變，敵騎長驅直薄城下，可以爲鑒。今西北隅故址猶存，亟行勸募之令，濟以工罰，成功不難。」又言：「大同、宣府諸塞下，腴田無慮數十萬，悉爲豪右所占。畿內八府，良田半屬勢要家，細民失業。脫使邊關有警，內郡何資？運道或梗，京師安給？請遣給事、御史按覈塞下田，定其科額；畿內民田，嚴戢豪右毋得侵奪。庶兵民足食而內外有備。」章下所司。雖不盡行，時論韙之。十三年帥京軍防秋大同、宣府，陳機宜十餘事。皆報可。十五年偕汪直按遼東邊事。

二十年佩將軍印，出禦邊寇。寇退班師，累加太保兼太子太傅。卒，贈涼國公，諡敏毅。

子𩈚嗣，典京營兵。弘治中充總兵官，歷鎭薊州、遼東、湖廣。官中外二十年，家無餘貲。再傳至孫傅。嘉靖中，累典軍府。佩征蠻將軍印，鎭兩廣。以平海賊及慶遠瑤功，加太子太保。明亡，爵絕。

任禮，字尙義，臨漳人。以燕山衞卒從成祖起兵，積功至山東都指揮使。永樂二十年擢都督僉事，從北征，前行偵敵，還受厚賞。仁宗卽位，命掌廣西都司事，尋改遼東。宣宗立，進都指揮同知。從平樂安，又從征兀良哈，還爲後拒。英宗立，進左都督。

正統元年佩平羌將軍印，充左副總兵鎭甘肅。阿台、朶兒只伯數犯肅州，璽書誚讓。二年復寇莊浪。都指揮魏榮擊却之，擒朶兒只伯姪把禿孛羅。禮以聞。三年與王驥、蔣貴出塞，敗朶兒只伯於石城，復分道至梧桐林、亦集乃，進至黑泉而還。斬獲多，封寧遠伯，祿千二百石。明年還朝。又明年代貴鎭甘肅。

八年，赤斤蒙古衞都督且旺失加苦也先暴橫，欲移駐也洛卜剌。禮以其地近肅州，執不許。已，奏請建寺於其地。禮復言許其建寺，彼必移居，遺後患，事竟寢。時邊將家僮墾塞上田者，每頃輸糧十二石。禮連請於朝，得減四石。是時邊塞無警，禮與巡撫曹翼屯田積粟，繕甲訓兵，邊備甚固。

十一年，沙州衞都督喃哥兄弟爭，部衆離貳。禮欲乘其饑窘，遷之內地。會喃哥亦請居肅州境內。禮因遣都指揮毛哈剌往撫其衆，而親帥兵繼其後。比至，喃哥復持兩端。其部下欲奔瓦剌，禮進兵逼之，遂收其全部千二百餘人以還。事聞，賜賚甚厚。時瓦剌也先方盛，封喃哥弟鎖南奔爲祁王。禮以二寇合則勢益難制，遣人招之。鎖南奔欲從未決，禮潛師直抵罕東，縶之以歸。帝大喜，賜禮鐵券，令世襲。

十四年，也先分道入寇，抵肅州。禮遣裨將禦之，再戰再敗，失士馬萬計。徵還，以伯就第。景泰初，提督三千營，以老致仕。久之，復起守備南京，入掌中府。

禮自起卒伍，至大將，恪謹奉法。成化初卒。贈侯，謚僖武。子壽嗣，總兵鎮陝西。坐征滿四失律，宥死戍邊。子弘，予世指揮使。

趙安，狄道人。從兄琦，土指揮同知，坐罪死，安謫戍甘州。永樂元年進馬，除臨洮百戶，使西域。從北征有功，累進都指揮同知。

宣德二年，松潘番叛。充左參將，從總兵陳懷討平之，進都督僉事。時議討兀良哈，詔安與史昭統所部赴京師。兀良哈旋來朝，命回原衞。使烏思藏，四年還。明年復以左參將從史昭討曲先，斬獲多。九年，中官宋成等使烏思藏，命安帥兵千五百人送之畢力术江。〔七〕尋與侍郎徐晞出塞討阿台、朶兒只伯，敗之。

正統元年進都督同知，充右副總兵官，協任禮鎮甘肅。明年與蔣貴出塞，剿寇無功。三年，復與王驥、任禮、蔣貴分道進師，至刁力溝執右丞、達魯花赤等三十人。以功封會川伯，祿千石。明年移鎮涼州。安家臨洮，姻黨厮養多爲盜，副使陳斌以聞。在涼州又多招無賴爲僮奴，擾民，復爲御史孫毓所劾。詔皆不問。

安勇敢有將略，與貴、禮並稱西邊良將。九年十二月卒。子英爲指揮使，立功，進都督同知。

趙輔，字良佐，鳳陽人。襲職爲濟寧衞指揮使。景帝嗣位，尚書王直等以將才薦，擢署都指揮僉事，充左參將，守懷來。天順初，徵入右府涖事。

成化元年以中府都督同知拜征夷將軍，與韓雍討兩廣蠻，克大藤峽，還封武靖伯。已而蠻入潯州，言官交劾。廣西巡按御史端宏謂：「賊流毒方甚，而輔妄言賊盡，冒封爵，不罪輔無以示戒。」輔乃自陳戰閥，委其罪於守將歐信。帝皆弗問。三年總兵征迤東，與都御史李秉從撫順深入，連戰有功，進侯。

八年，廷議大舉搜河套，拜輔將軍，陝西、延綏、寧夏三鎭兵皆聽節制。輔至榆林，寇已深入大掠。輔不能制，與王越疏請罷兵。言官交論其罪。命給事中郭鏜往勘，還言：「寇於六月入平涼、鞏昌、臨洮，殺掠人畜。迨七月而縱橫慶陽境內。輔與越至榆林不進，宜治其弛兵玩寇罪。」帝不納。輔還，猶督京營。言者攻益力，詔姑置之。輔辭侯，乞世伯。帝許其世伯，侯如故，僅減祿二百石。言官力爭。不聽。輔復上疏暴功，言減祿無以贍老。又言上命內官盧永征南蠻，黃順、汪直征東北，皆莫大功，宜付史館。余子俊等請置輔於法，卒不問。十二年解營務。家居十年卒。贈容國公，謚恭肅。

輔少俊辯有才，善詞翰，多交文士，又好結權幸。故屢遭論劾，卒無患。子承慶嗣伯，協守南京。正德初，坐傳寫諫官劉菃疏，爲劉瑾所惡，削半祿閒住。四傳至玄孫光遠，萬曆中鎭湖廣。明亡乃絕。

劉聚者，太監永誠從子也。爲金吾指揮同知。以「奪門」功，進都指揮僉事，復超擢都督同知。與討曹欽，進右都督。

成化六年以右副總兵從朱永赴延綏，追賊黃草梁。遇伏，鏖戰傷頰，麾下力捍以免。頃復與都督范瑾等擊寇青草溝，敗之。永等追寇牛家砦，聚亦據南山力攻。寇大敗，出境。論功進左都督，以內援特封寧晉伯。

八年冬代趙輔爲將軍，總陝西諸鎮兵。寇入花馬池，率副總兵孫鉞、遊擊將軍王璽等擊却之。還至高家堡，寇復至，敗之。追奔至漫天嶺，伏起夾擊，又敗之。鉞、璽亦別破賊於井油山。捷聞，予世券。

其冬，孛羅忽、滿都魯、乩加思蘭連兵深入，至秦州、安定、會寧諸州縣，縱橫數千里。賊退，適王越自紅鹽池還，妄以大捷聞，璽書嘉勞。頃之，紀功兵部員外郎張謹劾聚及總兵官范瑾等六將，殺被掠者冒功。部科及御史交章劾。詔遣給事中韓文往勘，還奏如謹言。所報首功百五十，僅十九級。帝以寇既遁，置不問。聚尋卒。贈侯，謚威勇。

傳子祿及福。福，弘治中掌三千營，加太子太保。卒，子岳嗣。卒，從子文請嗣。吏部言聚無大功，子孫不宜再襲。世宗不允，命文嗣。亦傳至明亡乃絕。

贊曰：宋晟在太祖時，即與開國諸元勳參迹戎行，其後四鎮涼州，威著西鄙。兩子尚主，世列徹侯，功名盛矣。薛祿以下諸人，皆與「靖難」。祿東昌、滹沱之戰，劉榮守永平，譚廣守保定，宣力最著。雖策勳之日，未即剖符，而各以積閥受封。其善撫士卒，慎固封守，恪謹奉職，有足尚者。趙輔、劉聚猷績遠遜前人，而帶礪之盟，與國終始，誠厚幸哉。諸人並以勳爵鎮禦邊陲，故類著於篇。

校勘記

〔一〕擒其王子別兒怯帖木兒　別兒怯帖木兒之「別」字原誤作「列」，據本書卷三三〇哈梅里傳及太祖實錄卷二二二洪武二十四年八月乙亥條改。

〔二〕輔等議於嘉林江上流濟師　嘉林江，原作「嘉陵江」，據本書卷一五四張輔傳、紅格本太宗實錄卷六二永樂四年十二月辛卯條改。

〔三〕修忙牛嶺兎毛河赤山榆楊口來勝諸城　兎毛河、赤山，本書卷四一地理志作「兎毛川」、「赤兒山」。地書不載「來勝」，疑爲「東勝」之譌。讀史方輿紀要卷四四大同府東勝城注云：「洪武二十六年城東勝。」又云：「正統三年邊將周諒言，東勝州廢城西濱黃河，東接大同，南抵偏關，北連大山、榆楊等口，中有赤兒山，東西坦平，二百餘里，其北連亘官山，實外寇出没必經之地。」其所言地望，與「東勝」合。

〔四〕永樂九年進大寧都指揮僉事　永樂九年，明史稿傳三〇譚廣傳、英宗實録卷一二二正統九年十月甲子條均作「永樂元年」。「九」疑爲「元」之譌。

〔五〕鎮守陝西都御史陳鎰言狀　陳鎰，明史稿傳三〇蔣貴傳、英宗實録卷三五正統二年十月辛巳條均作「羅亨信」。按本書卷一七二羅亨信傳也説羅亨信「上章言貴逗留狀」，應以「羅亨信」爲是。

〔六〕破杉木籠山七寨及馬鞍山象陣　杉木籠山，原作「木籠山」，脱「杉」字，據本書卷一七一王驥傳補。按本書卷二四七劉綎傳、明一統志卷八七、蠻司合誌卷九作「沙木籠山」，本書卷三一四麓川傳則二名錯出。

〔七〕命安帥兵千五百人送之畢力朮江　畢力朮江，原作「畢力木江」，據本書卷三三〇阿瑞衞傳、卷三三一朶甘傳，明史稿傳三〇趙安傳改。

明史卷一百五十六

列傳第四十四

吳允誠 子克忠 孫瑾　薛斌 子綬 弟貴 李賢　吳成 滕定
金順 金忠 蔣信　李英 從子文　毛勝　焦禮
毛忠 孫銳　和勇　羅秉忠

吳允誠，蒙古人。名把都帖木兒，居甘肅塞外塔溝地，官至平章。永樂三年與其黨倫都兒灰率妻子及部落五千、馬駝萬六千，因宋晟來歸。帝以蒙古人多同名，當賜姓別之。尚書劉儁請如洪武故事，編爲勘合。允誠得賜姓名，授右軍都督僉事。倫都兒灰亦賜姓名柴秉誠，授後軍都督僉事。餘授官賜冠帶，給畜產鈔幣有差，使領所部居涼州耕牧。晟以招徠功，封西寧侯。自是降附者益衆，邊境日安，由允誠始。

七年往亦集乃覘敵，擒哈剌等二十餘人，進都督同知。明年從出塞，敗本雅失里，進右都督。尋進左都督。與中官王安追闊脫赤，至把力河獲之。封恭順伯，食祿千二百石，予世券。

允誠三子：答蘭、管者、克勤。允誠與二子從軍，留其妻及管者居涼州。番人虎保等誘脅允誠衆，欲叛去。允誠妻與管者謀，召部將都指揮保住、卜顏不花等擒其黨，誅之。帝喜，降敕獎之，賜綵鈔羊米甚厚，授管者指揮僉事。保住賜姓名楊效誠，授指揮僉事。韃靼可汗鬼力赤遇弒，其下多潰。答蘭與別立哥請出塞自效，有功。別立哥者，秉誠子也。

帝征瓦剌，允誠父子皆從。師還，命仍居涼州備邊。允誠卒，贈國公，謚忠壯。命答蘭更名克忠，襲其爵。再征阿魯台，從行。三征阿魯台，復從。兄弟皆有功。洪熙元年以戚里恩，克忠進侯。時管者已積功至都指揮同知，亦封廣義伯。克忠嘗充副總兵巡邊。正統九年統兵出喜峰口，征兀良哈，有功，加太子太保。

土木之變，克忠與其弟都督克勤子瑾爲後拒，寇突至，驟戰不勝。敵兵據山上，飛矢石如雨，官軍死傷略盡。克忠下馬射，矢竭，猶殺數人，與克勤俱歿於陣。贈邠國公，謚忠勇。克勤贈遵化伯，謚僖敏。

瑾被執，逃歸，嗣侯。英宗嘗欲使瑾守甘肅，辭曰：「臣，外人，若用臣守邊，恐外裔輕中國。」帝善其言，乃止。曹欽反，瑾與從弟琮聞變，椎長安門上告。門閉，欽攻不得入，遂縱火。瑾將五六騎與欽力戰死。贈涼國公，謚忠壯，予世券。

三傳至曾孫繼爵，嘗守備南京。傳子汝胤孫惟英，與繼爵皆總督京營戎政。崇禎末，都城陷，汝胤弟勳衞汝徵偕妻女投繯死。

管者卒，子玘嗣。管者妻早奴亦有智略，嘗親入朝獻良馬。朝廷多其忠。玘卒，管者弟克勤子琮嗣，鎮守寧夏。成化四年，滿四反。琮坐激變，且臨陣先退，下獄論死。謫戍邊，爵除。

薛斌，蒙古人，本名脫歡。父薛台，洪武中歸附，賜姓薛，累官燕山右護衞指揮僉事。斌嗣職，從起兵，累遷都督僉事。從北征有功，進都督同知。永樂十八年封永順伯，祿九百石，世指揮使。

斌卒，子壽童方五歲，從父貴引見仁宗，立命嗣伯，賜名綬。長，驍勇善戰。正統十四年秋與成國公朱勇等遇敵於鷂兒嶺。軍敗，弦斷矢盡，猶持空弓擊敵。敵怒，支解之。旣而知其本蒙古人也，曰：「此吾同類，宜勇健若此。」相與哭之。謚武毅。子輔，孫勳，並得嗣伯。勳子璽乃嗣指揮使，如券文。

貴，本名脫火赤，斌之弟。以舍人從燕王起兵，屢脫王於險，積官都指揮使。再從北征，進都督僉事。永樂二十年封安順伯，〔一〕祿九百石。宣德元年進侯，加祿三百石，予世券。卒，贈濱國公，謚忠勇。無子，從子山嗣爲指揮使。天順改元，以復辟恩，命山子忠嗣伯。卒，子瑤嗣。弘治中卒，子昂降襲指揮使。

李賢，初名丑驢，韃靼人。元工部尚書。〔二〕洪武二十一年來歸，通譯書。太祖賜姓名，授燕府紀善。侍燕世子最恭謹。「靖難」師起，有勞績，累遷都指揮同知。凡塞外表奏及朝廷所降詔敕，皆命賢譯。賢亦屢陳所見。成祖皆採納之。仁宗卽位，念舊勞，進後軍都督僉事，再進右都督，賜賚甚渥。尋召見，憫其病，封忠勤伯。食祿千一百石。尋卒。

吳成，遼陽人，初名買驢。父通伯，元遼陽行省右丞。太祖時，覷童來降，通伯父子與俱。買驢更今姓名，充總旗，數從大軍出塞。建文元年授永平衞百戶。降燕，從戰皆有功，三遷都指揮僉事，始知名。南軍聞吳買驢名，多於陣上指目之。設伏淝河，進兵小河，合戰齊眉山，攻敗靈璧軍，皆殊死鬬，功多。

成祖卽位，授都指揮使。從征本雅失里。疾戰，本雅失里以七騎遁。從征阿魯台，合朱榮兵爲前鋒，追至闊灤海。召還，進都督僉事。又三從出塞。洪熙元年進左都督。從陽武侯薛祿征大松嶺，爲前鋒，有功，增祿米。宣宗初，以成嘗宿衞東宮，錄舊勞，封淸平伯，祿千一百石，予世券。從征樂安，復與薛祿爲前鋒。事定，出守備興和。成好畋獵而不修武備。寇伺其出獵，卒入城，掠其妻孥以去。帝聞之，置不罪。已而阿魯台入貢，還其家口。三年，帝北征，從敗賊於寬河，進侯，祿如故。八年卒。贈渠國公，〔三〕諡壯勇。

子忠前死，忠子英嗣伯。卒，子璽嗣。坐貪淫奪爵。久乃復之。卒，無子，從弟琮嗣。四傳至玄孫遵周。〔四〕崇禎末，京師陷，被殺。

滕定，父瓚住，元樞密知院。洪武中，來降。授會州衞指揮僉事，賜姓滕。從燕起兵，進燕山右衞指揮使。卒，定嗣官，屢從出塞，有功，進至都督僉事。宣德四年封奉化伯，祿八百石。正統初卒。子福嗣，爲指揮使。

金順，本名阿魯哥失里。永樂中來降，授大寧都指揮僉事。從敗本雅失里，又敗阿魯台，累進都督僉事。宣德三年從巡北邊，有斬捕功。明年封順義伯，祿八百石。卒，子忠嗣，爲指揮僉事。

金忠者，蒙古王子也先土干也。素桀黠，爲阿魯台所忌。永樂二十一年，成祖親征漠北，至上莊堡，率妻子部屬來降。時六師深入，寇已遠遁。帝方恥無功，見其來歸，大喜，賜姓名，封忠勇王，賜冠帶織金襲衣，命坐列侯下，輟御前珍羞賜之，復賜金銀寶器。忠大喜過望。班師在道，忠騎從，數問寇中事，眷寵日隆。明年，忠請爲前鋒，討阿魯台自效。帝初不許。會大同、開平警報至，諸將請從忠言。帝復出塞，忠與陳懋爲前鋒，而阿魯台聞王師復出，倉皇渡答蘭納木兒河遁去。忠、懋至河不見寇，抵白邙山，卒無所遇，乃班師。仁宗嗣位，加太子太保，並支二俸。

宣德三年親征兀良哈，敗寇於寬河。忠與把台請自效，帝許之。或言不可遣，帝曰：「去留任所欲耳。朕有天下，獨少此二人邪。」二人獲數十人、馬牛數百來獻。帝喜，命中官酌以金卮，遂賜之。明年加太保。六年秋卒。命有司治喪葬。

把台者，忠之甥，從忠來降，授都督僉事。宣德初，賜姓名蔣信。正統中，封忠勇伯。從駕陷土木，也先使隸賽罕王帳下。信雖居朔漠，志常在中國。每詣上皇所慟哭，擁衞頗至。已，竟從駕還，詔復給其祿。景泰五年卒。贈侯，諡信順。子也兒索忽襲爵。天順初，更名善。弘治中卒。無子，爵絕。

李英，西番人。父南哥，洪武中率衆歸附，授西寧州同知，累功進西寧衞指揮僉事。英嗣官。

永樂十年，番酋老的罕叛。英擊之。討來川，俘斬三百六十人。夜雪，賊遁，追盡獲之，進都指揮僉事。番僧張答里麻者，通譯書。成祖授以左覺義。居西寧，恣甚。以計取西番貢使貲，納逋逃，交通外域，肆惡十餘年。英發其事，磔死，籍其家。西陲快之。

末年，中官喬來喜、鄧誠等使西域，〔五〕道安定、曲先，遇賊見殺，掠所齎金幣。仁宗璽書諭赤斤、罕東及安定、曲先，詰賊主名，而敕英與土官指揮康壽等進討。英詗知安定指揮哈三孫散哥、曲先指揮散卽思實殺使者，遂率兵西入。賊驚走。追擊，踰崑崙山，深入數百里。至雅令闊，與安定賊遇，大敗之俘斬千一百餘人，獲馬牛雜畜十四萬。曲先賊聞風遠遁，安定王桑爾加失夾等懼，詣闕謝辠。宣宗嘉英功，遣使褒諭，宴勞之，令馳驛入朝。旣至，擢右府左都督，賜賚加等。宣德二年封會寧伯，〔六〕祿千一百石，并封南哥如子爵。

英恃功而驕，所爲多不法。寧夏總兵官史昭奏英父子有異志。南哥上章辯。賜敕慰諭之。英家西寧，招逋逃七百餘戶，置莊墾田，豪奪人產，復爲兵部及言官所劾。帝宥英，追逃者入官。七年，西寧指揮祁震子成當襲父職。庶兄監藏，英甥也，欲奪之。成從祖太平攜成赴京辯。英遣人篡取太平及其義兒杖之，義兒竟死。言官交劾，并及前罪，遂下英詔獄，奪爵論死。〔七〕正統二年始釋。後稍給其祿。尋卒。英宗復辟，官其子𣈶錦衣指揮同知。尋進都指揮使，用薦擢左軍都督僉事，屢分典營務，以嚴愼稱。

英從子文，宣德間爲陝西行都司都指揮僉事。西番思俄可嘗盜他部善馬，都指揮穆肅求不得。會思俄可以畜產鬻於邊，肅誣以盜，收掠致死，番人惶駭思亂。文劾之，逮肅下吏，西陲以寧。累官都指揮使。

天順元年冒迎駕功，進都督僉事。未幾，以右都督出鎭大同。寇二千餘騎犯威遠，文率師敗之，封高陽伯。石亨敗，革奪門冒功者官。文自首，帝以守邊不問。

四年秋，孛來大舉入寇，文按兵不戰，遂入雁門，大掠忻、代諸州，京師震恐。寇退，徵文下詔獄，論斬。帝宥文死，降都督僉事，立功延綏。既而進都督同知。成化中，哈密爲土魯番所併，求救於朝。詔文與右通政劉文往甘肅經略之，無功而還。弘治初卒。正德初贈高陽伯。

毛勝，字用欽，初名福壽，元右丞相伯卜花之孫。伯父那海，洪武中歸附，以「靖難」功至都指揮同知，無子。勝父安太嗣爲羽林指揮使，傳子濟，無子，勝嗣。論濟征北功，進都指揮使。嘗逃歸塞外，尋復自還。

正統七年以征麓川功，擢都督僉事。靖遠伯王驥請選在京番將舍人，捕苗雲南。乃命勝與都督冉保統六百人往。已，再征麓川，卽命二人充左右參將。賊平，進都督同知。

十四年夏，也先謀入寇，勝偕平鄉伯陳懷等率京軍三萬鎭大同。懷遇寇戰歿，勝脫還。以武淸伯石亨薦，景帝進勝左都督，督三千營操練。

貴州苗大擾，詔勝往討。未行，而也先逼京師。勝禦之彰義門北，擊退之。越二日，引兵西直門外，解都督孫鏜圍。明日，都督武興戰歿於彰義門，寇乘勝進。勝與都御史王竑急援之，寇遂引却。勝追襲至紫荆關，頗有斬獲。事定，乃命以左副總兵統河間、東昌降夷赴貴州。賊首韋同烈據香鑪山作亂，勝與總兵梁珤、右副總兵方瑛等從總督王來分道夾擊。勝進自重安江，大破之。會師山下，環四面攻之。賊窘，縛同烈降。還討湖廣巴馬諸處反賊，克二十餘寨，擒賊首吳奉先等百四十人，斬首千餘級，封南寧伯，予世券。疏請更名，從之。移鎮騰衝。金齒芒市長官刀放革潛結麓川遺孽思卜發爲變，勝設策擒之。

巡按御史牟俸劾其貪暴不法數十事，且言勝本降人，狡猾難制，今又數通外夷，恐貽邊患。詔巡撫覆實，卒置不問。天順二年卒。贈侯，諡莊毅。子榮嗣。坐石亨黨，發廣西立功。成化初，鎮貴州，尋移兩廣。卒，子文嗣。弘治初協守南京，傳爵至明亡乃絕。

焦禮，字尙節，蒙古人。父把思台，洪武中歸附，爲通州衛指揮僉事。子勝嗣，傳至義榮，無子，以勝弟謙嗣，累功至都指揮同知。卒，子管失奴幼，謙弟禮借襲其職，備禦遼東。宣德初，禮當還職。宣宗念禮守邊勞，命居職如故，別授管失奴指揮使。禮尋以年勞，累進都指揮同知。正統中，積功至右都督。英宗北狩，景帝命充左副總兵，守寧遠。未幾，也先逼京城，詔禮率師入衛。寇退還鎮。景泰四年，賊二千餘騎犯興水堡，禮擊走之。璽書獎勵，進左都督。

英宗復辟，以禮守邊有功，召入覲，封東寧伯，世襲，賜賚甚厚，遣還鎮。兵部以禮年垂八十，不可獨任，奏遣都指揮鄧鐸協同守備。居無何，禮奏鐸欺侮，請更調。命都指揮張俊代鐸。天順七年卒於鎮。贈侯，謚襄毅。

禮有膽略，精騎射，善以少擊衆。守寧遠三十餘年，士卒樂爲用，邊陲寧謐。

孫壽嗣爵。卒，無子，弟俊嗣。成化末，歷鎮甘肅、寧夏。弘治中，掌南京前府，兼督操江，出鎮貴州、湖廣。俊少事商販，既貴，能下士，而折衝非所長。卒，子淇嗣。嘗分典京營。正德中，賄劉瑾，出鎮兩廣。踰年卒，弟洵嗣。洵雖嗣爵，先業盡爲淇妻所有。生母卒，無以葬，哀憤得疾卒。無子，以再從子棟嗣。嘉靖中，提督五軍營，兼掌中府。踰十年，改總兵湖廣。卒，贈太子太保，謚莊僖。傳爵至明亡乃絕。

毛忠，字允誠，初名哈喇，西陲人。曾祖哈喇歹，洪武初歸附，起行伍爲千戶，戰歿。祖拜都從征哈密，亦戰歿。父寶以驍勇充總旗，至永昌百戶。

忠襲職時，年二十，膂力絕人，善騎射。常從太宗北征。宣德五年征曲先叛寇，有功。

八年征亦不剌山，擒僞少師知院。九年出脫歡山，十年征黑山寇，皆擒其酋。各進一官，歷指揮同知。

正統三年從都督蔣貴征朶兒只伯，先登陷陣，大獲，擢都指揮僉事。十年以守邊勞，進同知，始賜姓。明年從總兵官任禮收捕沙洲衞都督喃哥部落，徙之塞內，進都指揮使。十三年率師至罕東，生縶喃哥弟僞祁王鎖南奔幷其部衆，擢都督僉事，始賜名忠。尋充右參將，協守甘肅。

景泰初，侍郎李實使漠北，還言忠數遣使通瓦剌。詔執赴京。旣至，兵部論其罪，請置大辟。景帝不許。請貶官，發福建立功。乃遣之福建，而官秩如故，令甘肅守臣徙其家屬京師。初忠之征沙漠也，獲番僧加失領眞以獻。英宗赦不誅。後逃之瓦剌，爲也先用，憾忠，欲陷之，遂宣言忠與也先交通，而朝廷不察也。英宗在塞外獨知之，比復辟，卽召還。而忠在福建亦屢有斬馘功，乃擢都督同知，充左副總兵，鎭守甘肅。陛見，慰諭甚至，賜玉帶、織金蟒衣。

天順二年，寇大入甘肅，巡撫芮釗劾奏諸將失事罪。部議忠功足贖罪，置不問。三年以鎭番破賊功，進左都督。五年，孛來以數萬騎分掠西寧、莊浪、甘肅諸道，入涼州。忠鏖戰一日夜，矢盡力疲。賊來益衆，軍中皆失色。忠意氣彌厲，拊循將士，復殊死鬬。賊見終不可勝，而援軍亦至，遂解去，忠竟全師還。七年，永昌、涼州、莊浪塞外諸番屢爲邊患。忠與總兵官衞潁分討之。忠先破巴哇諸大族。其昝咂、馬吉思諸族，他將不能下者，忠復擊破之。論功，忠止增祿百石，而潁乃得世券，忠以爲言，遂封伏羌伯。

成化四年，固原賊滿四據石城反。詔忠移師討之，與總督項忠等夾攻賊巢。忠由木頭溝直抵礮架山下，多所斬獲。賊稍却，冒矢石連奪山北、山西兩峰。而項忠等軍亦克山之東峰，及石城東、西二門。賊大窘，相對哭。忽昏霧起，他哨舉烟掣軍，賊遂併力攻忠。忠力戰不已，爲流矢所中，卒，年七十五。從子海、孫鎧前救忠，亦死。

忠爲將嚴紀律，善撫士。其卒也，西陲人弔哭者相望於道。事聞，贈侯，謚武勇，予世券。弘治中，從有司言，建忠義坊於蘭州，以表其里。又從巡撫許進言，建武勇祠於甘州城東，春秋致祭。

孫銳，襲伯爵。成化中，協守南京。弘治初，出鎮湖廣，改兩廣。平蠻賊，累有功，咸璽書獎勵。九年以廣西破賊，增歲祿二百石。言官劾銳廣置邸舍，私造大舶以通番商。置不問。思恩土官岑濬反，與總督潘蕃討平之。既又討平賀縣僮賊。加官至太子太傅。正德三年，劉瑾欲殺尚書劉大夏，坐以處置田州事失宜，幷逮銳下詔獄。獄具，革其加官幷歲祿五百石。已而賄瑾，起督漕運。踰年，瑾誅，被劾罷。六年，盜劉宸等擾畿甸，命銳與中官谷大用討之。所統京軍皆驕惰不習戰。明年正月遇賊於長垣，與戰大敗，身被傷，亡將印。會許泰援軍至，僅免。言官交劾，乃召還。以與大用同事，竟不罪。世宗卽位，復起鎭湖廣。居三年卒。贈太傅，謚威襄。

傳子江及漢。漢，嘉靖中掌南京左府，提督操江，改總督漕運。未上，給事中楊上林劾其所至貪墨，詔褫職逮問。卒，無子，從子桓嗣。卒，子登嗣，萬曆中，掌中軍府事垂二十年。又再傳而明亡。

和勇，初名脫脫孛羅，和寧王阿魯台孫也。阿魯台旣爲瓦剌脫歡所殺，子阿卜只俺窮蹙，款塞來歸。宣宗授以左都督，賜第京師。卒，勇襲指揮使，帶俸錦衣衞，積功至都督僉事。天順元年詔加同知，賜姓名。久之以兩廣多寇，命充遊擊將軍，統降夷千人往討。時總兵顏彪無將略，賊勢愈熾。廣西巡撫吳禎殺降冒功，得優賞。彪效之，亦殺平民報捷。朝廷進彪官，勇亦進右都督。旣而師久無功，言官劾文武將吏之失事者。詔停勇俸，充爲事官。

成化初，趙輔、韓雍征大藤峽賊，詔勇以所部從征。其冬，賊大破，進左都督，增祿百石。三年召督効勇營訓練。尋上言：「大藤峽之役，臣與趙輔同功。輔還京，餘賊復叛。臣親擣賊巢，縶其魁，誅其黨，還被掠男女四千人。今輔已封伯，而臣止進秩，惟陛下憐察。」憲宗以勇再著戰功，特封靖安伯。十年卒。謚武敏，世襲指揮使。

勇性廉謹。在兩廣時，諸將多營私漁利，勇獨無所取。時論稱之。

羅秉忠，初名克羅俄領占，沙州衞都督僉事困卽來子也。兄喃哥既襲父職，英宗復命秉忠爲指揮使，協理衞事。既而喃哥率千二百人內徙，詔居之東昌、平山二衞，給田廬什器，所以撫恤甚厚。喃哥卒，秉忠爲都指揮使，代領其衆。

英宗北狩，塞上多警。朝議恐降人乘機爲變，欲徙之南方。會貴州苗亂，都督毛福壽南征，卽擢秉忠都督僉事，率所部援勦。秉忠亦坐下獄，籍其家。久之，上章自辯，乃得釋。成化初，尙書程信討山番官多從之者。積戰功至左都督。天順初，始賜姓名。曹欽之反，都掌蠻，秉忠以遊擊將軍從。既抵永寧，分兵六道。秉忠由金鵝江進，大破之。論功，封順義伯。十六年卒。謚榮壯，子孫世指揮使。

贊曰：明興，諸番部懷太祖功德，多樂內附，賜姓名授官職者不可勝紀。繼以成祖銳意遠圖，震耀威武，於是吳允誠、金忠之徒，率衆來屬，遂得列爵授任，比肩勳舊。或以戰功自奮，錫券受封，傳世不絕。視夫陸梁倔强者，順逆殊異，不甚昭歟！土木以還，勢以不競，邊政日弛，火篩、俺答諸部騷動無寧歲。盛衰之故概可考焉。

校勘記

〔一〕永樂二十年封安順伯　二十年，原作「二十二年」，第二個「二」字衍，據本書卷七成祖紀、卷一〇六功臣世表，太宗實錄卷二二四永樂二十年九月辛未條刪。

〔二〕元工部尚書　工部尚書，仁宗實錄卷六洪熙元年正月丁丑條作「兵部尚書」。

〔三〕贈渠國公　渠國公，本書卷一〇七功臣世表三作「梁國公」。

〔四〕四傳至玄孫遵周　遵周，原作「遵用」，據本書卷一〇七功臣世表、小腆紀年附考卷四改。按遵周字鼎盟，名字相應。

〔五〕中官喬來喜鄧誠等使西域　鄧誠，原作「鄧成」，據本書卷三三〇西域傳、又卷三三一尼八剌國傳、太宗實錄卷一一一永樂十六年八月戊寅條改。

〔六〕封會寧伯　本書卷三三〇西番諸衞傳作「會昌伯」。

〔七〕遂下英詔獄奪爵論死　傳繫奪爵於宣德七年，本書卷一〇七功臣世表、英宗實錄卷二八均作「正統二年三月癸巳，有罪革爵」，與此不合。

明史卷一百五十七

列傳第四十五

金純　張本　郭敦　郭璡　鄭辰　柴車　劉中敷孫機〔一〕

張鳳　周瑄子紘　楊鼎翁世資　黃鎬　胡拱辰　陳俊

林鶚　潘榮　夏時正

金純，字德修，泗州人。洪武中國子監生。以吏部尚書杜澤薦，授吏部文選司郎中。三十一年出爲江西布政司右參政。成祖卽位，以蹇義薦，召爲刑部右侍郎。時將營北京，命採木湖廣。永樂七年從巡北京。八年從北征，還左侍郎。

九年命與宋禮同治會通河，又同徐亨、蔣廷瓚濬魚王口黃河故道。初，太祖用兵梁、晉間，使大將軍徐達開塌場口，通河於泗，又開濟寧西耐牢坡引曹、鄆河水，以通中原之運。其後故道湮塞，至是純疏治之。自開封北引水達鄆城，入塌場，出穀亭北十里爲永通、廣運二閘。

十四年改禮部左侍郎。越二月，進尚書。十五年從巡北京。十九年同給事中葛紹祖巡撫四川。仁宗即位，改工部。居數月，又改刑部。明年兼太子賓客。宣德三年，純有疾，帝命醫視療。稍間，免其朝參，俾護疾視事。會暑，敕法司理滯囚。純數從朝貴飲，爲言官所劾。帝怒曰：「純以疾不朝而燕於私，可乎？」命繫錦衣獄。既念純老臣，釋之，落太子賓客。八月予致仕去。

純在刑部，仁宗嘗諭純：「法司近尙羅織，言者輒以誹謗得罪，甚無謂。自今告誹謗者勿論。」純亦務寬大，每誡屬吏不得妄椎擊人。故當純時，獄無瘐死者。正統五年卒。贈山陽伯。

張本，字致中，東阿人。洪武中，自國子生授江都知縣。燕兵至揚州，御史王彬據城抗，爲守將所縛。本率父老迎降。成祖以滁、泰二知州房吉、田慶成率先歸附，命與本並爲揚州知府，偕見任知府譚友德同涖府事。尋擢本江西布政司右參政。

永樂四年召爲工部左侍郎。坐事免官，冠帶辦事。明年五月復官。尋以奏牘書銜誤左爲右，爲給事中所劾。帝命改授本部右侍郎而宥其罪。

七年，皇太子監國，奏爲刑部右侍郎。善擿奸。命督北河運。躬自相視，立程度，舟行得無滯。會疾作，太子賜之狐裘冠鈔，遣醫馳視。十九年將北征，命本及王彰分往兩直隸、山東、山西、河南，督有司造車挽運。明年卽命本督北征餉。

仁宗卽位，拜南京兵部尙書兼掌都察院事。召見，言時政得失，且請嚴飭武備。帝嘉納之，遂留行在兵部。

宣德初，工部侍郎蔡信乞徵軍匠家口隸錦衣衞。本言：「軍匠二萬六千人，屬二百四十五衞所，爲匠者暫役其一丁。若盡取以來，家以三四丁計之，數近十萬。軍伍旣缺，人情驚駭，不可。」帝善本言。

征漢庶人，從調兵食。庶人就擒，命撫輯其衆，而錄其餘黨。還以軍政久敝，奸人用貨脫籍，而援平民實伍，言於帝。擇廷臣四出釐正之。時馬大孳息，畿內軍民爲畜牧所困。本請分牧於山東、河南及大名諸府。山東、河南養馬自此始。晉王濟熿坐不軌奪爵，本奉命散其護衞軍於邊鎭。

四年命兼太子賓客。戶部以官田租減，度支不給，請減外官俸及生員軍士月給。帝以軍士艱，不聽減，餘下廷議。本等持不可，乃止。陽武侯薛祿城獨石諸戍成，本往計守禦之宜。還奏稱旨，命兼掌戶部。本慮邊食不足，而諸邊比歲稔，請出絲麻布帛輸邊易穀，多者三四十萬石，少者亦十萬石，儲偫頓充。六年病卒，賜賻三萬緡，葬祭甚厚。

本廉介有執持，尚刻少恕。錄高煦黨，脅從者多不免。成祖宴近臣，銀器各一案，因以賜之。獨本案設陶器，諭曰：「卿號『窮張』，銀器無所用。」本頓首謝，其爲上知如此。

郭敦，字仲厚，堂邑人。洪武中，以鄉舉入太學。授戶部主事。遷衢州知府，多惠政。衢俗，貧者死不葬，輒焚其屍。敦爲厲禁，且立義阡，俗遂革。禁民聚淫祠。敦疾，民勸弛其禁。弗聽，疾亦瘳。

在衢七年，永樂初，坐累徵，耆老數百人伏闕乞留，不得。後廷臣言敦廉正，召補監察御史。遷河南左參政，調陝西。十六年春，胡濙言敦有大臣體，擢禮部右侍郎兼太僕寺卿，偕給事中陶衎巡撫順天。二十年督北征餉。

仁宗卽位，以大行喪不齋宿，降太僕卿。旋進戶部左侍郎，兼詹事府少詹事。宣德二年進尙書。陝西旱，命與隆平侯張信整飭庶務當行者，同三司官計議奏行。敦乃請蠲逋賦，振貧乏，考黜貪吏，罷不急之務，凡十數事。悉從之。歲餘，召還。在部多所興革，罷王田之奪民業者，令民開荒不起科。建漕運議，民運至瓜洲、儀眞，資衞卒運至京。民甚便之。

敦事親孝，持身廉。同官有爲不義者，輒厲色待之，其人悔謝乃已。性好學。公退，手不釋卷。六年，卒官，年六十二。

郭璡，字時用，初名進，新安人。永樂初，以太學生擢戶部主事。歷官吏部左、右侍郎。仁宗卽位，命兼詹事府少詹事，更名璡。

宣宗初，掌行在詹事府。吏部尙書蹇義老，輟部務，帝欲以璡代。璡厚重勤敏，然寡學術。楊士奇言恐璡不足當之，宜妙擇大臣通經術知今古者。帝乃止。踰年，卒爲尙書。諭以呂蒙正夾袋，虞允文材館錄故事。璡由是留意人才。識進士李賢輔相器，授吏部主事，後果爲名相。時外官九年考滿，部民走闕下乞留，輒增秩復任。璡慮有妄者，請覆實。從之。

璡雖長六卿，然望輕。又政歸內閣，自布政使至知府闕，聽京官三品以上薦舉。既又命御史、知縣，皆聽京官五品以上薦舉。要職選擢，皆不關吏部。正統初，左通政陳恭言：

「古者擇任庶官，悉由選部，職任專而事體一。今令朝臣各舉所知，恐開私謁之門，長奔競之風，乞杜絕，令歸一。」下吏部議。璡遜謝不敢當，事遂寢。

正統六年，御史曹恭以災異請罷大臣不職者。帝命科道官參議。璡及尚書吳中、侍郎李庸等被劾者二十人。璡等自陳。帝切責而宥之。璡子亮受賂爲人求官。事覺，御史孫毓等劾璡。乃令璡致仕，而以王直代。

鄭辰，字文樞，浙江西安人。永樂四年進士。授監察御史。江西安福民告謀逆事，命辰往廉之，具得誣狀。福建番客殺人，復命辰往。止坐首惡，釋其餘。南京敕建報恩寺，役四萬人。蜚語言役夫謗訕，恐有變，命辰往驗。無實，無一得罪者。谷庶人謀不軌，復命辰察之，盡得其蹤跡。帝語方賓曰：「是眞國家耳目臣矣。」

十六年超遷山西按察使，糾治貪濁不少貸。潞州盜起，有司以叛聞，詔發兵討捕。辰方以事朝京師，奏曰：「民苦徭役而已，請無發兵。」帝然之。還則屏騶從，親入山谷撫諭。盜皆感泣，復爲良民。禮部侍郎蔚綬轉粟給山海軍，辰統山西民輦任。民勞，多逋耗，綬令卽山海貸償之。辰曰：「山西民貧而悍，急之恐生變。不如緩之，使自通有無。」用其言，卒無逋者。丁內艱歸，軍民詣御史乞留。御史以聞，服闋還舊任。

宣德三年召爲南京工部右侍郎。初，兩京六部堂官缺，帝命廷臣推方面官堪內任者。蹇義等薦九人。獨辰及邵玘、傅啓讓，帝素知其名，卽眞授，餘試職而已。

英宗卽位，分遣大臣考察天下方面官。辰往四川、貴州、雲南，悉奏罷其不職者。雲南布政使周璟居妻喪，繼娶。辰劾其有傷風敎，璟坐免。正統二年，奉命振南畿、河南饑。〔二〕時河堤決，卽命辰伺便修塞。或議自大名開渠，引諸水通衞河，利灌輸。辰言勞民不便，事遂寢。還兵部左侍郎，與豐城侯李彬轉餉宣府、大同。鎭守都督譚廣撓令，劾之，事以辦。八年得風疾，告歸。明年卒。

辰爲人重義輕財。初登進士，產悉讓兄弟。在山西與同僚杜僉事有違言。杜卒，爲治喪，資遣其妻子。

柴車，字叔輿，錢塘人。永樂二年以舉人授兵部武選司主事，歷員外郞。八年，帝北征，從尙書方賓扈行。還遷江西右參議。坐事，左遷兵部郞中，出知岳州府，復入爲郞中。宣德五年擢兵部侍郞。明年，山西巡按御史張勖言大同屯田多爲豪右占據，命車往按。得田幾二千頃，還之軍。

英宗初，西鄙不靖。以車廉幹，命協贊甘肅軍務。調軍給餉，悉得事宜。初，朶兒只伯寇涼州，副總兵劉廣喪師，不以實聞，顧飾功要賞。車劾其罪。械廣至京，賜車金幣，旌其直。岷州土官后能冒功得陞賞，車奏請加罪。能復請，命宥之。車反覆論其不可，曰：「詐冒如能者，實繁有徒，臣方次第按覈。今宥能，何以戢衆？若無功得官，則捐軀死敵者，何以待之？」朝廷雖從能請，然嘉車賢，遣使勞賜之。

正統三年，以破朶兒只伯功，增俸一級。在邊，章數十上，悉中時病。同事多不悅，車持益堅。嘗建言：「漠北降人，朝廷留之京師，雖厚爵賞，其心終異。如長脫脫木兒者，昔隨其長來歸，未幾叛去。今乃復來，安知他日不再叛，宜徙江南，離其黨類。」事下兵部，請處之河間、德州。帝報可。後降者悉以此令從事。稽覈屯田豪占者，悉淸出之，得六百餘頃。

四年進兵部尙書，參贊如故。尋命兼理陝西屯田。明年召還，命與僉都御史曹翼歲更代出鎭。及期病甚，詔遣大理寺少卿程富代翼，而命車歸治疾。未及行，六年六月卒。

車在江西時，以採木入閩，經廣信。廣信守，故人也，餽蜜一罌。發視之，乃白金。笑曰，「公不知故人矣」，却不受。同事邊塞者多以宴樂爲豪舉。車惡之，遂斷酒肉。其介特多此類。

劉中敷，大興人，初名中孚。燕王舉兵，以諸生守城功，授陳留丞。擢工部員外郎。仁宗監國，命署部事，賜今名，遷江西右參議。宣德三年遷山東右參政，進左布政使。質直廉靜，吏民畏懷。歲大侵，言於巡撫，減賦三之二。

正統改元，父憂奪情，俄召拜戶部尚書。帝沖年踐阼，慮羣下欺己，治尚嚴。而中官王振假以立威，屢摭大臣小過，導帝用重典，大臣下吏無虛歲。三年諷給事御史劾中敷與左侍郎吳璽等，下獄，釋還職。

六年，言官劾中敷專擅。詔法司於內廷雜治。當流，許輸贖。帝特宥之。其冬，中敷、璽及右侍郎陳瑺請以供御牛馬分牧民間。言官劾其變亂成法，並下獄論斬。詔荷校長安門外，凡十六日而釋。瓦剌入貢，詔問馬駝芻菽數，不能對，復與璽、瑺論斬繫獄。中敷以母病，特許歸省。明年冬，當決囚，法司以請。命璽、瑺戍邊，中敷俟母終具奏。已，釋爲民。

景帝立，起戶部左侍郎兼太子賓客。時方用兵，論功行賞無虛日。中敷言府庫財有限，宜撙節以備緩急。帝嘉納。景泰四年卒。贈尚書。

中敷性淡泊，食不重味，仕宦五十年，家無餘貲。

子璡，正統十年進士。授刑科給事中，累官太僕寺卿。恥華靡，居官剛果。左遷遼東苑馬寺卿，卒。

子機，幼有孝行。成化十四年進士。改庶吉士。正德中，代張綵爲吏部尚書，以人言乞歸。起南京兵部尚書，參贊機務。流賊犯江上，衆議擇將。適都督李昂自貴州罷官至，機卽召任之，昂以無朝命辭。機曰：「機奉敕有云，『敕所不載，聽便宜』。此卽朝命也。」衆服其膽識。致仕歸，卒。

張鳳，字子儀，安平人。父益，官給事中。永樂八年從征漠北，歿於陣。鳳登宣德二年進士。授刑部主事。讞江西叛獄，平反數百人。

正統三年十二月，法司坐事盡繫獄，遂擢鳳本部右侍郎。以主事擢侍郎，前時未有也。明年命提督京倉。六年改戶部，尋調南京。適尚書久闕，鳳遂掌部事。貴州奏軍衞乏糧，乞運龍江倉及兩淮鹽於鎭遠府易米。鳳以龍江鹽雜泥沙，不堪易米給軍，盡以淮鹽予之，然後以聞。帝嘉賞。又言留都重地，宜歲儲二百萬石，爲根本計。從之，遂爲令。南京糧儲，舊督以都御史。十二年冬命鳳兼理。廉謹善執法，號「板張」。

景泰二年進尙書。四年改兵部，參贊軍務。戶部尙書金濂卒，召鳳代之。時四方兵息，而災傷特甚，帝屢詔寬恤。鳳偕廷臣議上十事。明年復先後議上八事。咸報可。鳳以災傷蠲賦多，國用益詘，乃奏言：「國初天下田八百四十九萬餘頃，今數既減半，加以水旱停征，國用何以取給。京畿及河南、山東無額田，甲方墾闢，乙卽訐其漏賦。請準輕則征租，不惟永絕爭端，亦且少助軍國。」報可。給事中成章等劾鳳擅更祖制，楊穟等復爭之。帝曰：「國初都江南，轉輸易。今居極北，可守常制耶？」四方報凶荒者，鳳請令御史勘實。議者非之。

英宗復辟，調南京戶部，仍兼督糧儲。五年二月卒。

鳳有孝行。性淳樸。故人死，聘其女爲子婦，教其子而養其母終身。同學友蘇洪好面斥鳳過，及爲鳳屬官猶然。鳳待之如初。聞其貧，卽賙給之。

周瑄，字廷玉，陽曲人。由鄉擧入國學。正統中，除刑部主事，善治獄。十三年遷員外郎。明年，帝北征。郎中當扈從者多託疾，瑄請行。六師覆沒，瑄被創歸，擢署郎中。校尉受賕縱盜，以讐人代。瑄辨雪之，抵校尉罪。外郡送囚，一日至八百人。瑄慮其觸熱，三日決遣之殆盡。

景泰元年，以尚書王直薦，超拜刑部右侍郎。久之，出振順天、河間饑。未竣，而英宗復位。有司請召還。不聽。復賜敕，令便宜處置。瑄遍歷所部，大舉荒政，先後振饑民二十六萬五千，給牛種各萬餘，奏行利民八事。事竣還，明年轉左。帝方任門達、逯杲，數興大獄。瑄委曲開諭，多所救正，復飭諸郎毋避禍。以故移部定罪者，不至冤濫。官刑部久，屬吏不敢欺。意主寬恕，不爲深文。同佐部者安化孔文英，爲御史時按黃巖妖言獄，當坐者三千人，皆白其誣，獨械首從一人論罪。及是居部，與瑄並稱長者。七年命瑄署掌工部事。

瑄恬靜淡榮利。成化改元，爲侍郎十六年矣，始遷右都御史。督理南京糧儲，捕懲作奸者數輩，宿弊爲清。鳳陽、淮、徐饑，以瑄言發廩四十萬以振。久之，遷南京刑部尚書。令諸司事不須勘者，毋出五日，獄無滯囚。暑疫，悉遣輕繫者，曰：「召汝則至。」囚歡呼去，無失期者。

爲尚書九載，屢疏乞休。久之乃得請。家無田園，卜居南京。卒，贈太子少保，謚莊懿。

長子經，尚書，自有傳。次子紘，進士，爲南京吏科給事中。兩以災異言事。帝並嘉納。未幾，與御史張昺閱軍，爲中官蔣琮誣奏，貶南京光祿署丞。仕終山東參議。

楊鼎，字宗器，陝西咸寧人。家貧力學，舉鄉會試第一。正統四年，殿試第二。授編修。久之，與侍講杜寧等十人，簡入東閣肄業。鼎居侍從，雅欲以功名見。嘗建言修飭戎備、通漕三邊二事。同輩誚其迂，鼎益自信。也先將寇京師，詔行監察御史事，募兵兗州。景泰三年進侍講兼中允。五年超擢戶部右侍郎。天順初轉左。陳汝言譖之。帝不聽。三年冬以陪祀陵寢不謹下獄，贖杖還職。帝嘗命中官牛玉諭旨，欲取江南折糧銀實內帑，而以他稅物充武臣俸。鼎不可。馬牛芻乏，議徵什二；又以民艱力沮。皆報罷。七年，尚書年富有疾，詔鼎掌部事。

成化四年代馬昂爲戶部尚書，而以翁世資爲侍郎。六年，鼎疏言：「陝西外患四寇，內患流民。然寇害止邊塞，流民則疾在腹心。漢中僻居萬山，襟喉川蜀，四方流民數萬，急之生變，置之有後憂。請暫設監司一人，專領其事。其願附籍者聽之，不願者資遣。兼與守臣練士馬，修城池，庶可弭他日患。」詔從之。湖廣頻歲饑，發廩已盡，及是有秋，用鼎言，發庫貯銀布，易米備災。淮、徐、臨、德四倉，舊積糧百餘萬石，後餉乏民饑，輒請移用，粟且匱。鼎議上贖罪、中鹽、折鈔、徵逋六事行之。由是諸倉有儲蓄。尋加太子少保。

鼎居戶部，持廉，然性頗拘滯。十五年秋，給事御史劾鼎非經國才，鼎再疏求去。賜敕馳驛歸，命有司月給米二石，歲給役四人，終其身。大臣致仕有給賜，自鼎始也。卒，贈太子太保，謚莊敏。

子時暘，進士，累官侍講學士。多識典故，有用世才。時敷，舉人，廬墓被旌，官兵部司務。

翁世資者，莆田人。正統七年進士。除戶部主事，歷郎中。天順元年拜工部右侍郎。四年命中官往蘇、松、杭、嘉、湖增織彩幣七千匹。世資以東南水潦，民艱食，議減其半。尙書趙榮、左侍郎霍瑄難之，世資請身任其咎，乃連署以諫。帝果怒，詰主議者。榮等委之世資，遂下詔獄，謫衡州知府。成化初，擢江西左布政使。坐事下吏，尋得白。大軍征兩廣，轉江西餉，需十萬人，世資議齎直就易嶺南米。民得不擾。以右副都御史巡撫山東。歲饑，發倉儲五十餘萬石以振，撫流亡百六十二萬人。召爲戶部右侍郎，佐鼎。久之，代薛遠總督倉場，進尙書。十七年還理部事。閱二年，致仕。

黃鎬，字叔高，侯官人。正統十二年以進士試事都察院。未半歲，以明習法律授御史。十四年按貴州。羣苗盡叛，道梗塞。靖遠伯王驥等自麓川還，軍無紀律，苗襲其後，官軍大敗。鎬赴平越，遇賊幾死。夜跳入城，賊圍之。議者欲棄城走，鎬曰：「平越，貴州咽喉，無平越是無貴州也。」乃偕諸將固守。置密疏竹筒中，募土人間行乞援於朝，且劾驥等覆師狀。景帝命保定伯梁珤等合川、湖軍救之，圍始解。城被困已九月，掘草根煮弩鎧而食之，死者相枕籍，城卒全，鎬功爲多。復留按一年。久之，遷廣東僉事，改浙江。成化初，以大臣會薦，擢廣東左參政。高、雷、廉負海多盜，鎬討平之。再遷廣西左布政使。以右副都御史總督南京糧儲，歷吏部左、右侍郎。十六年拜南京戶部尙書。鎬有才識，敏吏事，理鹽政，多所釐剔，時論稱之。十九年致仕，道卒。贈太子少保，諡襄敏。

胡拱辰，字共之，淳安人。正統四年進士。爲黟縣知縣，有惠政，擢御史。疏陳時弊八事。父艱歸。

景帝卽位，詔科道官憂居者悉起復。拱辰至，屢疏以選將、保邦、修德、弭災爲言，出爲貴州左參政。白水堡仡佬頭目沈時保素梗化，拱辰言於總兵官方瑛遣將擒之。一方遂寧。至畢節，平宣慰使隴富亂，威行邊徼。母憂去，御史追劾其受賕事，下浙江按臣執訊。事白，調廣東。歷廣西、四川左、右布政使，皆有平寇功。

成化八年拜南京右副都御史，提督操江。十一年就遷兵部右侍郎。儲位虛久，與尙書崔恭等請册立，言甚切。其年復就改左副都御史總理糧儲，就進工部尙書。節財省事，人皆便之。以年至乞歸。

弘治中，巡按御史陳銓言：「拱辰退休十餘年，生平淸操如一日，乞加禮異以勵臣節。」詔有司月給廩二石，歲隸四人。正德元年，年九十，遣行人齎敕存問，賚羊酒，加賜廩、隸。三年正月卒。贈太子少傅，諡莊懿。

陳俊，字時英，莆田人。舉鄉試第一。正統十三年進士。除戶部主事。督天津諸衞軍採草，奏減新增額三十五萬束。豪猾侵蘇、松改折銀七十餘萬兩，俊往督，不數月畢輸。尚書金濂以爲能，俾典諸曹章奏。歷郎中。

天順五年，兩廣用兵，俊督餉。時州縣殘破，帑藏殫虛，弛鹽商越境令，引加米二斗，軍興賴以無乏。母喪，不聽歸，蠻平始還。初，俊爲主事，奔父喪，賻者皆却之。至是文武將吏醵金賻，亦不納。

成化初，擢南京太常少卿。四年召拜戶部右侍郎。俊練習錢穀。四方災傷，邊鎮急芻餉，奏請遝至，裁決咸當，尚書楊鼎深倚之。京師大饑，先後發太倉粟八十萬石平糶。石值六錢，豪猾乘時射利。俊請糶以升斗爲率，過一石勿與，饑民獲濟。尋議用兵河套，敕俊赴河南、山、陝，會巡撫諸臣畫芻餉，發帑金二十萬助之。俊以邊庾空竭，歲又不登，而榆林道險遠，轉輸難，乃發金於內地市易，修西安、韓城、同官徑道，以利飛輓。還朝，進俸一級，歷吏部左、右侍郎。

九載滿，拜南京戶部尚書。尋改兵部，參贊機務。先是，參贊之任，不專屬兵部，自薛遠後，繼以俊，遂爲定制。久之，就改吏部。二十一年，星變，率九卿陳時弊二十事，皆極痛切。帝多采納。而權倖所不便者，終格不行。明年乞致仕。詔加太子少保，賜敕馳傳還。卒，謚康懿。

林鶚，字一鶚，浙江太平人。景泰二年進士。授御史，監京畿鄉試。陳循等訐考官，鶚邑子林挺預薦，疑鶚有私，逮挺考訊。挺實無他，得白。

英宗復辟，倣先朝故事，出廷臣爲知府，鶚得鎭江。召見，賜膳及道里費，諭所以擢用意。鶚感激，革弊舉廢，治甚有聲。漕故經孟瀆，險甚。巡撫崔恭議鑿河，自七里港引金山上流通丹陽避之。鶚言：「道里遠，多石，且壞民廬墓。請按京口閘、甘露壩故迹，濬之令通舟。春夏啓閘，秋冬度壩，功力省便。」恭從其議，遂爲永利。居五年，以才任治劇，調蘇州。

成化初，超遷江西按察使。有犯大辟賄達官求生者，鶚執愈堅。廣東寇剽贛州急。調兵禦之，遁去。廣信妖賊妄稱天神惑衆，捕戮其魁，立解散。歷左、右布政使。歲饑，奏減民租十五萬石。

成化六年擢南京刑部右侍郎。母憂服除，召爲刑部右侍郎。執法不撓。十二年得疾卒。

鶚事母孝謹，對妻子無惰容。不妄交與，公餘輒危坐讀書。歿不能具棺斂，友人爲經紀其喪。鶚在蘇州，先聖像剝落。鶚曰：「塑像，非古也，昔太祖於國學用木主。」命改從之。

嘉靖中，御史趙大佑上其節行，贈刑部尙書，諡恭肅。

潘榮，字尊用，龍溪人。正統十三年進士。犒師廣東，還，除吏科給事中。景泰初，疏論停起復、抑奔競數事。帝納之。尋進右給事中。四年九月上言：「致治之要，莫切於納諫。比以言者忤聖意，諭禮部，凡遇建言，務加審察，或假以報復，具奏罪之。此令一下，廷臣喪氣，以言爲諱。國家有利害，生民有得失，大臣有奸慝，何由而知？況今巨寇陸梁，塞上多事，奈何反塞言者路。望明詔臺諫，知無不言，緘默者罪。並敕閣部大臣，勿搜求參駁，虧傷治體。」疏入，報聞。

天順六年使琉球，還，遷都給事中。成化六年三月偕同官上言：「近雨雪愆期，災異迭見。陛下降詔自責，躬行祈禱，詔大臣盡言，宜上天感格。而今乃風霾晝晦，沴氣赤而復黑，豈非應天之道有未盡歟？夫人君敬天，不在齋戒祈禱而已。政令乖宜，下民失所，崇尙珍玩，費用不經，後宮無序，恩澤不均，爵濫施於賤工，賞妄及於非分，皆非敬天之道。願陛下日御便殿，召大臣極陳缺失而釐革之，庶災變可弭。」時萬妃專寵，羣小夤緣進寶玩，官賞冗濫，故榮等懇言之。帝不能用。是年遷南京太常少卿。

又七年，就擢戶部右侍郎。尋改右副都御史、總督南京糧儲。積奇羨數萬石以備荒。十七年召爲戶部左侍郎，尋署部事。英國公張懋等四十三人自陳先世以大功錫爵，子孫承繼，所司輒減歲祿，非祖宗報功意。榮等言：「懋等於無事時妄請增祿，若有功何以勸賞？況頻年水旱，國用未充，所請不可許。」事乃寢。中官趙陽等乞兩淮鹽十萬引，帝已許之。榮等言：「近禁勢家中鹽，詔旨甫頒，而陽等輒違犯，宜正其罪。」帝爲切責陽等。

南京戶部尚書黃鎬罷，以榮代之。孝宗嗣位，謝政歸。賜月廩、歲夫如制。九年卒，年七十有八。贈太子太保。

夏時正，字季爵，仁和人。正統十年進士。除刑部主事。景泰六年以郎中錄囚福建，出死罪六十餘人。中有減死、詔充所在濱海衞軍者，時正慮其入海島爲變，轉發之山東，然後以聞。因言：「凡福建減死囚，俱宜戍之北方。」法司是其言，而請治違詔罪。帝特宥之。時正又言：「通番及刦盜諸獄，以待會讞，淹引時月，囚多瘐死。請令所司斷決。」詔從之，且推行之天下。

天順初，擢大理寺丞。久之，以便養，遷南京大理少卿。成化五年遷本寺卿。明年春命巡視江西災傷。除無名稅十餘萬石，汰諸司冗役數萬，奏罷不職吏二百餘人，增築南昌濱江堤及豐城諸縣陂岸，民賴其利。嘗上奏，不具齎奏人姓名，吏科論其簡恣。帝宥其罪，錄彈章示之，遂乞休歸。僦居民舍，布政使張瓚爲築西湖書院居之。家食三十年，年近九十而卒。

時正雅好學。閒居久，多所著述，於稽古禮文事尤詳。

贊曰：金純等黽勉奉公，當官稱職。加之禔躬清白，操行無虧，固列卿之良也。鄭辰之廉事，周瑄之治獄，皆有仁人之用心，君子哉。

校勘記

〔一〕孫機　原作「子機」。按本傳，中敷子璉，璉子機，明史稿傳四七劉中敷傳同，據改。

〔二〕正統二年奉命振南畿河南饑　正統二年，原作「正統元年」，據本書卷一〇英宗紀、英宗實錄卷三一正統二年六月乙亥條改。

明史卷一百五十八

列傳第四十六

黃宗載 顧佐 邵玘 陳勉 賈諒 嚴升 段民 吾紳
章敞 徐琦 劉戩 吳訥 朱與言 魏驥 魯穆
耿九疇 軒輗 陳復 黃孔昭

黃宗載，一名垕，字厚夫，豐城人。洪武三十年進士。授行人。奉使四方，未嘗受餽遺，累遷司正。

永樂初，以薦爲湖廣按察司僉事。巨奸宿猾，多讁戍銅鼓、五開間，陰持官吏短長。宗載榜數其罪，曰：「不改，必置之法。」衆莫敢犯。武陵多戎籍，民家慮與爲婚姻，徭賦將累己，男女至年四十尚不婚。宗載以理諭之，皆解悟，一時婚者三百餘家。鄰邑效之，其俗遂變。徵詣文淵閣修永樂大典。書成，受賜還任。董造海運巨艦數十艘，事辦而民不擾。車駕北征，徵兵湖廣，使者貪暴失期。宗載坐不舉劾，謫楊青驛驛夫。

尋起御史，出按交阯。時交阯新定，州縣官多用兩廣、雲南舉人及歲貢生員之願仕遠方者，皆不善撫字。宗載因言：「有司率不稱職。若俟九年黜陟，恐益廢弛。請任二年以上者，巡按御史及兩司覈實舉按以聞。」帝是之。及歸，行李蕭然，不攜交阯一物。尚書黃福語人曰：「吾居此久，所接御史多矣，惟宗載知大體。」丁祖母憂，起復，改詹事府丞。

洪熙元年擢行在吏部侍郎。少師蹇義領部事，宗載一輔以正。宣德元年奉命清軍浙江。三年督採木湖湘。英宗初，以侍郎羅汝敬巡撫陝西，坐事戴罪辦事。汝敬妄引詔書復職，而吏部不言，爲御史所劾，宗載及尚書郭璡俱下獄。未幾，得釋，遷南京吏部尚書。居九年，乞休。章四上，乃許。九年七月卒於家，年七十九。

宗載持廉守正，不矯不隨，學問文章俱負時望。公卿大夫齒德之盛，推宗載云。

顧佐，字禮卿，太康人。建文二年進士。除莊浪知縣。端陽日，守將集官僚校射，以佐文士，難之。持弓矢一發而中，守將大服。

永樂初，入爲御史。七年，成祖在北京，命吏部選御史之才者赴行在，佐預焉。奉命招慶遠蠻，督採木四川，從北征，巡視關隘。遷江西按察副使，召爲應天尹。剛直不撓，吏民畏服，人比之包孝肅。北京建，改尹順天。權貴人多不便之，出爲貴州按察使。洪熙元年召爲通政使。

宣德三年，都御史劉觀以貪被黜，大學士楊士奇、楊榮薦佐公廉有威，歷官並著風采，爲京尹，政淸弊革。帝喜，立擢右都御史，賜敕奬勉，命察諸御史不稱者黜之，御史有缺，舉送吏部補選。佐視事，卽奏黜嚴皚、楊居正等二十人，謫遼東各衞爲吏，降八人，罷三人；而舉進士鄧棨、國子生程富、謁選知縣孔文英、教官方瑞等四十餘人堪任御史。帝使歷政三月而後任之。居正等六人辨愬。帝怒，幷諸爲吏者悉戍之。旣而皚自戍所潛還京，脅他賄，爲佐所奏，且言皚謀害己。詔戮皚於市。帝北巡，命偕尙書張本等居守。還復賜敕，令約束諸御史。於是糾黜貪縱，朝綱肅然。

居歲餘，姦吏奏佐受隸金，私遣歸。帝密示士奇曰：「爾不嘗舉佐廉乎？」對曰：「中朝官俸薄，僕馬薪芻資之隸，遣隸半使出資免役。隸得歸耕，官得資費，中朝官皆然，臣亦然。先帝知之，故增中朝官俸。」帝歎曰：「朝臣貧如此。」因怒訴者曰：「朕方用佐，小人敢誣之，必下法司治。」士奇對曰：「細事不足干上怒。」帝乃以吏狀付佐曰：「汝自治之。」佐頓首謝，召吏言：「上命我治汝，汝改行，吾當貸汝。」帝聞之益喜，謂佐得大體。或告佐不理冤訴。帝曰：「此必重囚教之。」命法司會鞫，果千戶臧清殺無罪三人當死，使人誣佐。帝曰：「不誅清，則佐法不行。」磔清於市。

八年秋，佐有疾，乞歸。不許。以南京右都御史熊槪代理其事。踰年而槪卒。佐疾良已，入見。帝慰勞之，令免朝賀，視事如故。

正統初考察御史不稱者十五人，降黜之。邵宗九載滿，吏部已考稱，亦與焉。宗奏辨，尙書郭璡亦言宗不應與在任者同考。帝遂責佐。而御史張鵬等復劾宗微過。帝以鵬朋欺，幷切責佐。佐上章致仕去。賜敕奬慰，賚鈔五十貫，命戶部復其家。十一年九月卒。

佐孝友，操履清白，性嚴毅。每旦趨朝，小憩外廬，立雙藤戶外。百僚過者，皆折旋避之。入內直廬，獨處小夾室，非議政不與諸司羣坐。人稱爲「顧獨坐」云。然持法深，論者以爲病。

時雩都陳勉、嶧縣賈諒先後爲副都御史，與佐同舉臺職，而蘭谿邵玘官南京，與佐齊名，繁昌嚴升名亦亞於玘。

玘，字以先，永樂中進士。授御史。仁宗監國，知其廉直。每法司缺官，卽命玘署，有重獄輒付之。歷仕中外，所過人不敢犯。宣德三年由福建按察使入爲南京左副都御史。奏黜御史不職者十三人，簡黜諸司庸懦不肖者八十餘人，風紀大振。居二年，以疾卒官。玘負氣，好侮同列，治獄頗刻深。然持身廉潔，內行修，事母以孝聞。

陳勉，與玘同年進士。仁宗初，以楊士奇薦，由廣東副使擢左副都御史。信、豐諸縣盜起，命勉撫之，招徠三千六百餘人，亂遂定。景泰初，仕至南京右都御史，掌院事。〔一〕致仕，卒。勉外和內剛，精通法律，吏不敢欺。

賈諒，字子信。永樂中由鄉舉入太學，選侍皇太孫說書，擢刑科給事中。宣德四年劾清軍侍郎金庠受賄，罷之。郎中胡珏、蕭翔等十一人，御史方鼎三人，以不職被劾。帝未信，命諒及張居傑密察之。得實，悉貶官。明年又劾陽武侯薛祿朋比不敬，廷中肅然。尋拜右副都御史。偕錦衣指揮王裕、參議黃翰、中官張義等巡視四川、江西、湖廣，按治豪强不少假。正統二年，江北、河南大水，命諒及工部侍郎鄭辰往振。芒、碭山盜爲患，諒捕獲甚衆。四年還至德州，卒。諒內行修，當官有風采。

嚴升，建文時進士。歷官大理寺右少卿。清軍蘇、松，執法不撓。調南京僉都御史，與玘同心治事。剛果自信，嘗著神羊賦以見志焉。

段民，字時舉，武進人。永樂二年進士。選庶吉士。與章敞、吾紳輩俱讀書文淵閣，又俱授刑部主事。民旋進郎中。

山東妖婦唐賽兒作亂，三司官坐縱寇誅，擢民左參政。當是時索賽兒急，盡逮山東、北京尼及天下出家婦女，先後幾萬人。民力爲矜宥，人情始安。

車駕北征，餉舟由濟寧達潞河，陸輓出居庸至塞外。民深計曲算，下不擾而事集。既還，敕與巡按御史考所過府縣吏廉墨以聞。

宣德三年召入京，命署南京戶部右侍郎，踰年實授。又明年改刑部。初，二部皆以不治聞。民至，紀綱修舉，宿弊以革。上元人有爲姪毆者，憤甚，詣通政司告。時方令納米贖罪，而越訴禁甚嚴，犯者戍遼東。民上言：「依定例，卑幼之罪得贖，而尊長反遠竄，揆於理有未安，請更擬。」帝是之。帝以民廉介端謹，特賜敕，令考察南京百官。八年，詔書罪囚自十惡外並減一等。有重囚三十餘人，例不得赦，民亦減其罪。後有旨報決，乃復追還，而逃已數人。民自陳狀，給事中年富等劾民。帝知民賢，不問。

九年二月卒於官，年五十九。貧不能殮，都御史吳訥梲以衣衾。帝聞，命有司營葬。成化間，葉盛請褒卹不果。其後百有餘年，始追謚襄介。

吾紳，字叔縉，衢州人。官刑部主事，治獄有聲。歷郎中，拜禮部侍郎。成祖謂呂震曰：「紳出自翰林，可佐卿典禮矣。」既而爲震所擠，出爲廣東參政。尋召爲南京刑部侍郎，奉敕考察兩廣、福建方面官。有故人官參政，素貪黷，權要多爲之地。紳至，竟黜之，時稱其公。復改禮部。正統六年卒於官。

紳清强有執，澹於榮利。初拜侍郎，賀者畢集，而一室蕭然，了無供具，衆笑而起。

章敞，字尚文，會稽人。由庶吉士授刑部主事。山西盜發，捕逮數百人。敞察其冤，留詞色異者一人，餘悉遣出。明日訊之，留者盜，餘非也。遷郎中，改吏部。

宣德六年擢禮部侍郎。偕徐琦使安南，命黎利權國事。利遣人白相見禮，敞曰：「汝敬使者，所以尊朝廷，奚白爲？」利聽命，趨拜下坐。啗以聲色，不爲動。還致厚贐，不受，利以付貢使。及闕，悉閱貢物，封其贐，付闕吏。利死，子麟嗣，敞復奉詔往，却贐如初。

正統初，纂洪武以來條格，使諸司參酌，吏無能爲奸。尙書胡濙寬大，敞佐以嚴肅。二年十二月卒。子瑾亦累官至禮部侍郎。

徐琦，字良玉。先世錢塘人，其祖謫戍寧夏，遂家焉。幼力學，通經史。永樂十三年舉進士。授行人，歷兵部員外郎。明敏有斷，居官務持大體。宣德六年擢右通政。副敞使安南，亦不受餽。還拜南京兵部右侍郎。八年，帝以安南貢賦不如額，南征士卒未盡返，命琦復往。時黎利已死，其子麟疑未決。琦曉以禍福，麟懼，鑄代身金人，貢方物以謝。帝悅，命落琦戍籍，宴賚甚厚。

正統初，與工部侍郎鄭辰考察南畿有司，黜不法者三十人。時災異屢見，琦陳弭災十事。悉嘉納。五年命參贊南京機務。十四年進尙書，參贊如故。有言往年分調南京軍家屬悉宜北徙，朝議欲行之。琦奏：「安土重遷，人之情也。今驟徙數萬衆，人心一搖，事或叵測。」事得寢。軍衞無學校，琦請天下衞所視府州縣例皆立學。從之。景泰元年，靖遠伯王驥贊機務，琦專理部事。驥解任，琦仍參贊。四年三月卒，年六十八。諡貞襄。

敞、琦皆以使安南不辱命著稱。安南多寶貨，後使者率從水道挾估客往以爲利，交人頗輕之。

弘治時，侍講劉戩往頒詔，由南寧乘傳抵其國，交人大驚。戩依舊制，受陪臣拜謁，不交一語，越宿卽行，餽遺一無所受。使人要於途，固致之，卒麾去，與儆、琦皆爲交人所重。戩，字景元，安福人。

吳訥，字敏德，常熟人。父遵，任沅陵簿，坐事繫京師。訥上書乞身代。事未白而父歿，訥感奮力學。

永樂中，以醫薦至京。仁宗監國，聞其名，命教功臣子弟。成祖召對稱旨，俾日侍禁廷，備顧問。

洪熙元年，侍講學士沈度薦訥經明行修，授監察御史。敬愼廉直，不務矯飾。宣德初，出按浙江，以振風紀植綱常爲務。時軍犯逃者，往往令家人妄愬，逮繫至千人。訥請嚴禁，卽冤不得越告。從之。繼按貴州，恩威幷行，蠻人畏服。將代還，部民詣闕乞留。不許。五年七月，進南京右僉都御史，尋進左副都御史。

正統初，光祿丞董正等盜官物，訥發之，謫戍四十四人。右通政李畛者，奉使蘇、松，行事多不謹。訥徵誡之，畛不悅，誣訥稽延詔書等事。訥疏辯。互爲臺省所劾，俱逮下獄，既而釋之。英宗初御經筵，錄所輯小學集解上之。四年三月，以老致仕，以朱與言代。

訥博覽，議論有根柢。於性理之奧，多有發明，所著書皆可垂於後。歸家，布衣蔬食，環堵蕭然。周忱撫江南，欲新其居，不可。家居十六年而卒，年八十六。謚文恪，鄉人祀之言偃祠。

朱與言，字一鶚，萬安人。永樂九年進士，授湖廣按察僉事。宣德中遷四川副使。合州盜起，督吏目熊鼎斬六十餘人，賊勢遂衰。事聞，擢鼎合州同知。雅州妖人爲亂，與言執送京師，境內以寧。正統元年召爲南京右副都御史，入代訥領院事。年老致仕，卒。與言剛方廉愼，爲政務大體。數建白，多切時弊。家居門庭清肅，鄉人有不善，惟恐與言知之。

魏驥，字仲房，蕭山人。永樂中，以進士副榜授松江訓導。常夜分攜茗粥勞諸生。諸生感奮，多成就者。召修永樂大典。書成，還任。用師逵薦，遷太常博士。帝謂曰：「劉履節爲御史九年，高皇帝方授是官，不輕予人也。」

宣德初，遷吏部考功員外郎，歷南京太常寺少卿。正統三年召試行在吏部左侍郎。踰年實授。屢命巡視畿甸遺蝗，問民疾苦。八年改禮部，尋以老請致仕。吏部尚書王直言驥未衰，如念其老，宜令去繁就簡。乃改南京吏部。復以老辭。不允。十四年進尚書。英宗北狩，驥率諸司條上時務，多施行。景泰元年，年七十七，致仕。

驥居官務大體。在太常，山川壇獲雙白兔，圻內生瑞麥，皆却不進。在吏部，有進士未終制，求考功。同官將許之。驥持不可。法司因旱卹刑，有王綱者，惡逆當辟，或憫其少，欲緩之。驥曰：「此婦人之仁，天道不時，正此故也。」獄決而雨。

正統中，王振怙寵，淩公卿，獨嚴重驥，呼「先生」。景泰初，以請老至京師。大學士陳循，驥門生也，請間曰：「公雖位冢宰，然未嘗立朝。願少待，事在循輩。」驥正色曰：「君爲輔臣，當爲天下進賢才，不得私一座主。」退語人曰：「渠以朝廷事爲一己事，安得善終。」竟致仕去。

驥端厚祗慎。顧勁直，好別白君子小人。恒曰：「無是非之心，非人也。」家居，憂國憂民，老而彌篤。蕭山故多水患，有宋時縣令楊時湖隄遺跡。驥倡修螺山、石巖、畢公諸塘堰，捍江潮，興湖利。鄉人賴之。居恒布衣糲食，不殖生產。事兄敎諭騏，雖耄益恭。時戴笠行田間。嘗遇錢塘主簿，隸訶之。答曰「蕭山魏驥也」。主簿倉皇謝慰而去。

成化七年，御史梁昉言：「臣先任蕭山，見致仕尚書臣魏驥里居，與里人稠處，教子孫孝弟力田，增隄濬湖，捍禦災患。所行動應禮法，倡理學，勖後進。雖在林野，有補治化。驥生平學行醇篤，心術正大，諳世事，暸國體。致仕二十餘年，年九十八歲，四方仰德，有如卿雲，百年化育，滋此人瑞。臣讀前史，有以歸老賜祿畢其身者，有尊養三老五更者，有安車蒲輪召者，有賜几杖者，上齒德也。驥齒德有餘，爵在上卿，可稱達尊。乞下所司，酌前代故事施行。」帝覽奏嘉歎，遣行人存問，賜羊酒，命有司月給米三石。使命未至而驥卒。賜祭葬如禮，謚文靖。其子完以驥遺言詣闕辭葬，乞以其金振饑民。帝憮然曰：「驥臨終遺命，猶恐勞民，可謂純臣矣。」許之。蕭山民德驥不已，詣闕請祀於德惠祠，以配楊時。制曰「可」。

魯穆，字希文，天台人。永樂四年進士。家居，褐衣蔬食，足跡不入州府。比謁選，有司餽之贐，穆曰：「吾方從仕，未能利物，乃先厲州里乎？」弗受。除御史。仁宗監國，屢上封事。漢王官校多不法，人莫敢言。穆上章劾之，不報，然直聲振朝廷。

遷福建僉事。理冤濫，摧豪强。泉州人李某調官廣西，其姻富民林某遣僕酖李於道，而室其妻。李之宗人訴於官，所司納林賂，坐訴者，繫獄久。穆廉得其實，立正林罪。漳民周允文無子，以姪爲後，晚而妾生子，因析產與姪，屬以妾子。允文死，姪言兒非叔子，逐去，盡奪其貲，妾訴之。穆召縣父老及周宗族，密置妾子羣兒中。咸指兒類允文，遂歸其產。民呼「魯鐵面」。時楊榮當國，家人犯法，穆治之不少貸。榮顧謂穆賢，薦之朝。

英宗卽位，擢右僉都御史。明年奉命捕蝗大名。還，以疾卒。命給舟歸其喪。始穆入爲僉都御史，所載不過囊衣，尚書吳中贈以器用，不受。至是中爲治棺衾，乃克殯。子崇志，歷官應天尹，廉直有父風。

耿九疇，字禹範，盧氏人。永樂末進士。宣德六年授禮科給事中。議論持大體，有清望。

正統初，大臣言兩淮鹽政久壞，宜得重名檢者治之，於是推擇爲鹽運司同知。痛革宿弊，條奏便宜五事，著爲令。母喪去官，場民數千人詣闕乞留。十年正月起爲都轉運使。節儉無他好，公退焚香讀書，廉名益振，婦孺皆知其名。

以事見誣，逮下吏，已，得白，卽留爲刑部右侍郎。屢辨疑獄，無所撓屈。禮部侍郎章瑾下獄，九疇及江淵等議貶其官。瑾壻給事中王汝霖銜之，與同官葉盛、張固、林聰等論刑部不公。九疇、淵遂劾盛等，且言汝霖父永和死土木，嬉笑自如，不宜居職。時景帝新立，急於用人，置汝霖等不問，瑾如奏。鳳陽歲凶，盜且起，敕往巡視招撫。奏留英武、飛熊諸衞軍耕守，招來流民七萬戶，境內以安。

兩淮自九疇去，鹽政復弛。景泰元年仍命兼理。尋敕錄諸府重囚，多所平反。十月命兼撫江北諸府。

三年三月代陳鎰鎭陝西。都指揮楊得青等私役操卒，九疇劾之。詔按治，且命諸邊如得青者，具劾以聞。邊將請增臨洮諸衞戍，九疇言：「邊城士卒非乏。將帥能嚴紀律，賞罰明信，則人人自奮。不然，徒冗食耳。」乃不增戍。邊民春夏出作田，秋冬輒徙入塞，九疇言：「邊將所以禦寇衞民也，今使民避寇失業，安用將帥？」因禁民入徙。有被寇者，治守帥罪。

四年，布政使許資言：「侍郎出鎭，與巡按御史不相統，事多拘滯，請改授憲職便。」乃轉右副都御史。大臣鎭守、巡撫皆授都御史，自九疇始。有旨市羊角爲燈。九疇引宋蘇軾諫神宗買浙燈事，事乃寢。災異求言，請帝延儒碩，公賞罰，擇守令，簡將帥。優詔報焉。

天順初，議事京師。帝顧侍臣曰：「九疇，廉正人也。」留爲右都御史。罪人繫都察院獄者不給米。九疇爲言，乃日給一升，遂爲令。已，上疏陳崇廉恥、淸刑獄、勸農桑、節軍賞、重臺憲五事。帝皆嘉納。是年六月，御史張鵬等劾石亨、曹吉祥。亨等謂九疇實使之，遂并下獄，謫江西布政使，尋調四川。

明年，禮部缺尙書。帝問李賢。賢曰：「老成淸介，無如九疇。」乃召還。既至，憐其老，改南京刑部尙書。四年卒。謚淸惠。子裕，自有傳。

軒輗，字惟行，鹿邑人。永樂末年進士。授行人司副。宣德六年用薦改御史。按福建，剔蠹鋤奸，風采甚峻。

正統元年淸軍浙江，劾不職官四十餘人。五年言：「祖宗設御史官，爲職綦重。今內外諸司有事，多擅遣御史，非制，請禁之。」立報可。是年，超擢浙江按察使。前使奢汰，輗力矯之。寒暑一靑布袍，補綴殆遍，居常蔬食，妻子親操井臼。與僚屬約，三日出俸錢市肉，不得過一斤。僚屬多不能堪。故舊至，食惟一豆。或具雞黍，則人驚以爲異。時鎭守內臣阮隨、布政使孫原貞、杭州知府陳復、仁和知縣許璞居官皆廉，〔三〕一方大治。

溫、處有銀場，洪武間歲課僅二千八百餘兩，永樂時增至八萬二千兩，民不堪命。帝即位，以大臣議罷之。至是參政兪士悅請復開，謂利歸於上，則礦盜自絕。下三司議，輗力持不可，乃止。既而給事中陳傅復請，朝廷遽從之，遂致葉宗留之變。

會稽趙伯泰，宋苗裔也，奏孝宗、理宗及福王陵墓，俱爲豪民侵奪。御史王琳謂福王降於元，北去，山陰安得墓？伯泰不平，復訴。帝命鯢及巡按御史歐陽澄覆按。鯢言福王蓋衣冠之藏，伯泰言非誣。詔戍豪民於邊，停琳等俸。遭親喪，起復。十三年奏陳四事，俱切時弊，帝悉從之。

景帝立，以右副都御史鎮守浙江。景泰元年命兼理兩浙鹽課。閩賊吳金八等流劫青田諸縣，鯢與原貞討平之。賊首羅丕、廖寧八復自閩抵浙。鯢等防遏有功，進秩一等。明年改督南京糧儲。五年復改左副都御史，掌南院事。考黜御史不職者數人。

天順元年二月召拜刑部尚書。數月，引疾乞歸。帝召見，問曰：「昔浙江廉使考滿歸，行李僅一篋，乃卿耶？」鯢頓首謝。賜白金慰遣之。明年，南京督理糧儲缺官，帝問李賢，大臣中誰曾居此職者。賢以鯢對，且稱其廉，乃命以左都御史往。八年夏以老乞骸骨，不待報徑歸。抵家趣具浴，欠伸而卒。

鯢孤峭，遇人無賢否，拒不與接。爲按察使，嘗飲同僚家，歸撫其腹曰：「此中有贓物也。」在南都，都御史張純置酒延客。鯢惡其汰，不往。徹饌遺之，亦不納。歲時詣禮部拜表慶賀，屏居一室，撤燭端坐，事竣竟歸，未嘗與僚友一語。僚友聞其來，亦輒避去，不樂與之處。量頗褊隘。御史有許人陰私者，輒奬其能。嘗令御史劾南京祭酒吳節，節亦發覵私事，衆頗不直覵。然淸操聞天下，與耿九疇齊名，語廉吏必曰軒、耿。

陳復，福建懷安人。覵同年進士，由戶部主事知杭州。廉靜無私，獄訟大省。日端坐堂皇，與曹掾講讀律令而已。遭喪，部民乞留，詔起復，未幾卒。覵倡僚屬助之，乃克斂。吏民相率致賻，其子盡却之，稱貸歸。

黃孔昭，黃巖人。初名曜，後以字行，改字世顯。年十四，遭父母喪，哀毀骨立。舉天順四年進士，授屯田主事。奉使江南，却餽弗受，進都水員外郎。

成化五年，文選郎中陳雲等爲吏所訐，盡下獄貶官，尙書姚夔知孔昭廉，調之文選。九年進郎中。故事，選郎率閉門謝客。孔昭曰：「國家用才，猶富家積粟。粟不素積，豈足贍饑；才不預儲，安能濟用？苟以深居絕客爲高，何由知天下才俊。」公退，遇客至，輒延見，訪以人才，書之於册。除官，以其才高下配地繁簡。由是銓敍平允。其以私干者，悉拒之。嘗與尙書尹旻爭，至推案盛怒。孔昭拱立，俟其怒止，復言之。旻亦信其諒直。旻暱通政談倫，欲用爲侍郎，孔昭執不可。昺卒用之，倫果敗。昺欲推故人爲巡撫，孔昭不應。其人入都謁孔昭，至屈膝。孔昭益鄙之。昺令推舉，孔昭曰：「彼所少者，大臣體耳。」昺謂其人曰：「黃君不離銓曹，汝不能遷也。」

爲郎中滿九載，始擢右通政。久之，遷南京工部右侍郎。有官地十餘區爲勢家所侵，奏復之。奉詔薦舉方面，以知府樊瑩、僉事章懋應。後皆爲名臣。郎官主藏者以羨銀數千進，斥退之。掘地得古鼎，急命工鐫文廟二字，送之廟中。俄中貴欲獻諸朝，見鐫字而止。孔昭嗜學敦行，與陳選、林鶚、謝鐸友善，並爲士類所宗。弘治四年卒。嘉靖中，贈禮部尚書，諡文毅。子俌，亦舉進士，爲文選郎中。俌子綰，以議「大禮」至禮部尚書，自有傳。

贊曰：國家盛時，士大夫多以廉節自重，豈刻意勵行，好爲矯飾名譽哉。亦其澹嗜欲，恥營競，介特之性然也。仁、宣之際，懲吏道貪墨，登進公廉剛正之士。宗載佐銓衡，顧佐掌邦憲，風紀爲之一淸。段民、吳訥、魏驥、魯穆皭然秉羔羊素絲之節。軒、耿、孔昭矯厲絕俗，物不能干。章敞、徐琦、劉戩律己嚴正，異域傾心。廉之足尙也卓矣。

校勘記

〔一〕景泰初仕至南京右都御史掌院事　南京右都御史，原作「南京右副都御史」，衍「副」字，據明史稿傳四三顧佐傳附陳勉傳、英宗實錄卷二三六景泰四年十二月己亥條删。

〔二〕仁和知縣許璞居官皆廉　許璞，原作「許僕」，據明史稿傳四三軒輗傳改。

明史卷一百五十九

列傳第四十七

熊概 葉春　陳鎰　李儀 丁璿　陳泰　李棠 曾翬　賈銓
王宇　崔恭　劉孜 宋傑 邢宥　李侃 雷復 李綱　原傑
彭誼　牟俸　夏壎 子鏻　高明　楊繼宗

熊概，字元節，豐城人。幼孤，隨母適胡氏，冒其姓。永樂九年進士。授御史。十六年擢廣西按察使。峒谿蠻大出掠，布政使議請靖江王兵遏之。概不可，曰：「吾等居方面，寇至無捍禦，顧煩王耶？且寇必不至，戒嚴而已。」已而果然。久之，調廣東。

洪熙元年正月命以原官與布政使周幹、參政葉春巡視南畿、浙江。初，夏原吉治水江南還，代以左通政趙居任，兼督農務。居任不恤民，歲以豐稔聞。成祖亦知其誣罔。既卒，左通政岳福繼之，庸懦不事事。仁宗監國時，嘗命槪以御史署刑部，知其賢，故有是命。是年八月，斡還，言有司多不得人，土豪肆惡，而福不任職。宣宗召福還，擢槪大理寺卿，與春同往巡撫。南畿、浙江設巡撫自此始。

浙西豪持郡邑短長爲不法。海鹽民平康暴橫甚，御史捕之，遁去。會赦還，益聚黨八百餘人。槪捕誅之。已，悉捕豪惡數十輩，械至京，論如法，於是奸宄帖息。諸衞所糧運不繼，軍乏食。槪以便宜發諸府贖罪米四萬二千餘石贍軍，乃聞於朝。帝悅，諭戶部勿以專擅罪槪。

槪用法嚴，姦民憚之，騰謗書於朝。宣德二年，行在都御史劾槪與春所至作威福，縱兵擾民。帝弗問，陰使御史廉之，無所得。由是益任槪。明年七月賜璽書奬勵。槪亦自信，諸當興革者皆列以聞。時屢遣部官至江南造紙、市銅鐵。槪言水潦民饑，乞罷之。

五年還朝，始復姓。亡何，遷右都御史，治南院事。行在都御史顧佐疾，驛召槪代領其職，兼署刑部。九年十月錄囚，自朝至日晏，未暇食。忽風眩卒。賜祭，給舟歸其喪。

槪性剛決，巡視江南，威名甚盛。及掌臺憲，聲稱漸損於初。

葉春者，海鹽人。起家掾吏，歷禮部郎中兩淮鹽運使，改四川右參政，與槪巡撫江、浙諸府。既復奉命與錦衣指揮任啓、御史賴英、太監劉寧巡視。先後凡三涖浙西，治事於鄉，人無議其私者。槩遷都御史，春同日進刑部右侍郎。卒於官。

陳鎰，字有戒，吳縣人。永樂十年進士。授御史。遷湖廣副使，歷山東、浙江，皆有聲。英宗卽位之三月，擢右副都御史，與都督同知鄭銘鎭守陝西。北方饑民多流移就食。鎰道出大名見之，疏陳其狀，詔免賦役。正統改元，鎰言陝西用兵，民困供億，派徵物料，乞悉停免。詔可。明年五月，以勞績下敕獎勵，因命巡延綏、寧夏邊。所至條奏軍民便宜，多所廢置。所部六府饑，請發倉振。帝從輔臣請，修荒政。鎰請徧行於各邊，由是塞上咸有儲蓄。

六年春，以鎰久勞於外，命與王翺歲一更代。七年，翺調遼東，鎰復出鎭。歲滿當代，以陝人乞留，詔仍舊任。時倉儲充溢，有軍衞者足支十年，無者直可支百年。鎰以陳腐委棄可惜，請每歲春夏時，給官軍爲月餉，不復折鈔。從之。

九年春進右都御史，鎭守如故。秦中饑，乞蠲租十之四，其餘米布兼收。時瓦剌也先漸强，遣人授罕東諸衞都督喃哥等爲平章，又置甘肅行省名號。鎰以聞，請嚴爲之備。已，命與靖遠伯王驥巡視甘肅、寧夏、延綏邊務，聽便宜處置。以災沴頻仍，條上撫安軍民二十四事，多議行。

鎰嘗恐襄、漢間流民嘯聚爲亂，請命河南、湖廣、陝西三司官親至其地撫恤之。得旨允行，而當事者不以爲意。王文亦相繼力言有司怠忽，恐遺禍。至成化時，乃有項忠之役，人益思鎰言。

英宗北狩，景帝監國，鎰合大臣廷論王振。於是振姪王山伏誅。也先將入犯，以于謙薦，出撫畿內。事寧，召還，進左都御史。

景泰二年，陝西饑，軍民萬餘人，「願得陳公活我」。監司以聞，帝復命之。鎰至是凡三鎮陝，先後十餘年，陝人戴之若父母。每還朝，必遮道擁車泣。再至，則歡迎數百里不絕。其得軍民心，前後撫陝者莫及也。

三年春召還，加太子太保，與王文並掌都察院。文威嚴，諸御史畏之若神。鎰性寬恕，少風裁，譽望損於在陝時。明年秋以疾致仕。卒，贈太保，諡僖敏。天順七年詔官其子伸爲刑部照磨。

李儀，涿人。永樂間以薦舉授戶部主事。宣宗既平高煦，儀請去趙王護衞。尚書張本亦言：「往歲孟賢謀逆，趙王未必不知。高煦亦謂與趙合謀。儀言是。」帝不聽。既而言者益衆。帝封其詞，遣使諭王如儀指。王即獻護衞，趙卒無事。儀尋出知九江府，有惠政。

英宗即位之歲，始設諸邊巡撫。僉都御史丁璿方督大同、宣府軍儲，而儀以右僉都御史巡撫其地，盛有所建置。明年請以大同東西二路分責於總兵官羅文、方政。從之。時朝議遣方政、楊洪出塞，與甘肅將蔣貴、史昭合擊朶兒只伯。儀言：「四裔爲患，自古有之，在備禦有方耳。和寧殘部，窮無所歸，乍臣乍叛，小爲邊寇，邊將謹待之，將自遁，何必窮兵。萬一乘虛襲我，少有失，適足爲笑，乞敕政等無窮追。」不納。

督糧參政劉璉不職，儀劾之。璉乃誣儀淫亂事。適參將石亨欲奏鎮守中官郭敬罪，先咨儀。儀誤緘咨牒於核餉主事文卷中，戶部以聞，致亨、敬相奏訐。詔儀、璉自陳，而切責敬等。璉止停俸二歲。儀雖引罪，自負其直，詞頗激，遂被劾下吏瘐死。正統二年二月也。儀居官廉謹，邊人素德之。聞其死，建昭德祠以祀。

丁璿，上元人。永樂中進士。由御史擢居是職。正統五年將征麓川，命乘傳往備儲餉。尋言用兵便宜，遂命撫雲南。麓川平，召爲左副都御史，所至有聲。

陳泰，字吉亨，光澤人。幼從外家曹姓，既貴，乃復故。舉鄉試第一，除安慶府學訓導。

正統初，廷臣交薦，擢御史，巡按貴州。官軍征麓川，歲取土兵二千爲鄉導，戰失利，輒殺以冒功，泰奏罷之。再按山西。時百官俸薄，折鈔又不能卽得。泰上章乞量增祿廩，俾足養廉，然後治贓汚，則貪風自息。事格不行。六年夏言：「連歲災異，咎在廷臣，請敕御史給事中糾彈大臣，去其尤不職者，而後所司各考覈其屬。」帝從之。於是御史馬謹等交章劾吏部尚書郭璡等數十人。已，復出按山東。泰素勵操行，好搏擊。三爲巡按，懲奸去貪，威稜甚峻。

九年超擢四川按察使，與鎭守都御史寇深相失。十二年八月，參議陳敏希深指，劾泰擅杖武職，毆輿夫至死。逮刑部獄，坐斬。泰奏辯，大理卿俞士悅亦具狀以聞。皆不聽。景帝監國，赦復官。于謙薦守紫荆關。也先入犯，關門不守，復論死。景帝宥之，命充爲事官，從總兵官顧興祖築關隘自効。景泰元年擢大理右少卿，守備白羊口。四月，都督同知劉安代寧遠伯任禮巡備涿、易、眞、保諸城，命泰以右僉都御史參其軍務。三年兼巡撫保定六府。尋命督治河道。自儀眞至淮安，濬渠百八十里，〔二〕塞決口九，築壩三，役六萬人，數月而畢。七年移撫蘇、松。

天順改元，罷巡撫官，改廣東副使，以憂去。四川盜起，有言泰嘗莅其地，有威名，乃復故官，往巡撫。八年進右副都御史，總督漕運兼巡撫淮、揚諸府。莅淮三年，謝政歸。成化六年卒。

李棠，字宗楷，縉雲人。宣德五年進士。授刑部主事，爲尚書魏源所器。金濂代源，以剛嚴懾下。棠與辯論是非，譴訶不爲動。濂亦器之，進員外郎。錄囚南畿，多所平反，進郎中。景帝嗣位，超擢本部侍郎。未幾，巡撫廣西，提督軍務。所部多寇，棠以次討平之。正己帥下，令行政舉。

景泰三年，思明土知府黃㻞老，子鈞嗣。㻞庶兄竑使其子殺㻞父子，滅其家，而以他盜爲亂告。棠檄右參政曾翬、副使劉仁宅按其事。翬等誘執竑父子下之獄。竑窘則遣使走京師，上書請帝廢太子立己子。帝大喜，立擢竑都督同知，出其子於獄。事具懷獻太子及土司傳。棠既不得竟黃竑獄，鬱鬱累疏謝病歸。不攜嶺表一物，以清節顯。

曾翬，字時升，泰和人。宣德八年進士。治秦府永興王葬，却有司饋遺。歷刑部員外郎。尚書金濂器之，俾典奏牘。有重獄，諸郎不能決，輒以屬翬。秦王訐巡撫陳鎰狎妓。翬按得其情，劾藩府誣大臣，鎰得白。

正統十三年進郎中。以何文淵薦，擢廣西右參政。李棠檄翬及副使劉仁宅按黃玹父子。玹使人持千金賄於道，且擁精兵挾之。二人佯許諾，已，誘執玹下之獄。棠以聞。未幾，玹以上書擢都督同知，父子俱出獄，翬等太息而已。尋以憂去。服闋，起官河南御史。清軍者利得軍，多枉及民，翬辨釋甚衆。南陽諸府多流戶，衆議驅逐，人情惶急，翬與巡撫撫安之。

天順五年遷山東右布政使。民墾田無賦者，姦民指爲閒田，獻諸戚畹。部使者來勘，翬曰：「祖制，民墾荒田，永不科稅，奈何奪之？」使者奏如言，乃免。成化初，轉左。河南歲饑，計開封積粟多，奏請平糶，貧民賴以濟。召拜刑部左侍郎，仍食從二品俸。尋巡視浙江，〔三〕考察官吏，奏罷不職者百餘人，他弊政多所釐革。還朝，久之，謝病去。翬操行謹，所至有聲。及歸，生計蕭然，絕跡公府，鄉人以爲賢。

賈銓，字秉鈞，邯鄲人。永樂末進士。宣德四年授禮科給事中，數有參駁。英宗踐阼，旣肆赦，復命讞在京重囚，多所原宥。從銓請，推之南京。秩滿，出爲大理知府。王驥征麓川，饋運有勞。驥薦之。麓川平，擢雲南左參政，仍知府事。尋以驥言，還治司事。正統十二年，左布政使闕，軍民數萬人頌銓，參贊軍務侍郎侯璡等亦疏請，銓遂得擢。土官十餘部，歲當貢馬輸差發銀及海肥，八府民歲當輸食鹽米鈔，至景泰初，皆積逋不能償。銓等爲言除之。治行聞，賜誥旌異。景泰七年，九載滿，當入都，軍民乞留。命還任。

天順四年與梁棨等舉政績卓異。戶部初闕尚書，王翺欲擢銓。帝問李賢，賢曰：「聞其名，未見其人也。」及是來覲，帝命賢視之，還奏貌寢。乃以爲右副都御史巡撫山東，尋兼撫河南。山東歲侵，請召還淸軍御史。河南饑，請停徵課馬。皆許之。成化初，左都御史李秉督師遼東，召銓署院事。中官唐愼等從征荊、襄還，杖死淮安知事谷淵，自奏丐免。銓請罪之。乃付愼等司禮監，命法司罪其從人。未幾，卒官。諡恭靖。

銓在雲南，治行爲一時冠。比爲巡撫，淸靜不自表暴，吏民亦安之。

王宇，字仲宏，祥符人。童丱時，日記萬言，巡撫侍郎于謙奇之。登正統四年進士，授南京戶部主事。秩滿當轉郎中，吏部以宇才，特用爲撫州知府。爲政簡靜，而鋤强遏姦，凜不可犯，一府大治。

天順元年，所司上其治行，詔賜誥命。頃之，擢山東右布政使，命撫恤所屬饑民。明年遷右副都御史，巡撫宣府。中官嚴順、都督張林等令家人承納芻糧。宇劾奏，都御史寇深爲解，帝切責深。尋命兼撫大同。石亨及從子彪驕恣，大同其舊鎮地，徵索尤橫。宇抗疏論其姦，乞置之法。疏雖不行，聞者敬憚。督餉郎中楊益不能備芻蕘，爲宇所劾。戶部庇之，宇幷劾尙書沈固等。皆輸罪。遭喪，起復爲大理卿。固辭，不許。

宇剛介，所至有盛名。居大理，平反爲多。七年卒。

崔恭，字克讓，廣宗人。正統元年進士。除戶部主事。出理延綏倉儲，有能聲。以楊溥薦，擢萊州知府。內地輸遼東布，悉貯郡庫，歲久朽敝，守者多破家。恭別搆屋三十楹貯之，請約計歲輸外，餘以充本府軍餉，遂放遣守者八百人。也先犯京師，遣民兵數千入援。

廷議城臨清，檄發役夫。恭以方春民乏食，請俟秋成。居府六年，萊人以比漢楊震。

景泰中，超遷湖廣右布政使。諸司供給，率取之民。恭與僚佐約，悉罷之。公安、監利流民擅相殺，恭下令願附籍者聽，否則迫秋遣歸，衆遂定。尋遷江西左布政使。司有廣濟庫，官吏乾沒五十萬。恭白於巡撫韓雍，典守者咸獲罪。定均徭法，酌輕重，十年一役，遂爲定例。

天順二年，寧王奠培不法，恭劾之。削其護衞，王稍戢。遷右副都御史，代李秉巡撫蘇、松諸府。按部，進耆老言利病，爲興革。與都督徐恭浚儀眞漕河，又浚常、鎭河，避江險。已，大治吳淞江。起崑山夏界口，至上海白鶴江，又自白鶴江至嘉定卞家渡，迄莊家涇，凡浚萬四千二百餘丈。又浚曹家港、蒲匯塘、新涇諸水。民賴其利，目曹家港爲「都堂浦」。初，周忱奏定耗羨則例，李秉改定以賦之輕重遞盈縮。其例甚平，而難於稽算，吏不勝煩擾。恭乃罷去，悉如忱舊。

吏部缺右侍郎，李賢、王翺舉恭。遂召用。置勸懲簿，有聞皆識之。翺甚倚恭，轉左。父憂起復。憲宗卽位，乞致仕。不允。成化五年，尚書李秉罷，商輅欲用姚夔，彭時欲用王概，而北人居言路者，謂時實逐秉，喧謗於朝。時稱疾不出，侍讀尹直以時、概皆己鄉人，恐因此得罪，急言於輅，以恭代秉。越五月，母喪歸。服除，起南京吏部，劾罷諸司不職者數人。

十一年春命參贊機務。居三年，致仕。又二年卒。贈太子少保，謚莊敏。

劉孜，字顯孜，萬安人。正統十年進士。授御史，出按遼東。景帝卽位，有建南遷議者。孜馳奏，乞斬言者以定人心。期滿當代，朝議邊務方殷，復留一歲。再按畿輔。時方築滄州城，以孜言罷。擢山東按察使。

天順四年，吏部舉天下治行卓異，按察使惟孜一人，遷左布政使。明年春，以右副都御史巡撫江南十府。蘇、松財賦，自周忱立法後，代者多紛更。孜首訪忱遺蹟，斟酌行之，民稱便。成化元年，應天饑，方振貸，而江北饑民就食者衆。孜請盡發諸縣廩，全活無算。時民間多積困。瀕江官田久廢沒，仍責輸賦。蘇、松、杭、嘉諸府僉補富戶。南京廊房既傾圮，猶征鈔。上元、江寧農民代河泊所網戶採鰣魚。應天都稅宣課諸司額外增稅。江陰諸縣民戶償納荒租。六合、江浦官牛歲徵犢。孜皆疏罷之。

召拜南京刑部尚書，以宋傑代。四年致仕，道卒。

孜廉愼，治事精審。然持法過嚴，時議其刻。傑爲人長者。居二年，罷去，而邢宥代。

宥，文昌人。正統十三年進士。授御史，出巡福建。民十人被誣爲盜，當刑呼冤。宥爲緩之，果得眞盜。天順中，出爲台州知府，有治績，坐累謫晉江丞。憲宗復其職，改知蘇州。姦民攬納秋賦，置之法，得其贓萬緡，以隄沙河，甃官道。大水，民饑，不待奏輒發米二十萬斛以振。宥素廉介，及治蘇，嚴而不苛。傑薦於朝，詔加浙江左參政仍理府事，賜璽書。居半歲，遂以右僉都御史代傑巡撫。開丹陽河，築奔牛閘，省兌運宂費，民以爲便。尋兼理兩浙鹽政，考察屬吏，奏黜不職者百七十餘人。居數載，引疾歸。

李侃，字希正，東安人。正統七年進士。授戶科給事中。景帝監國，陳簡將才、募民壯、用戰車三事。也先逼京師，議者欲焚城外馬草。侃言敵輕剽，無持久心，乞勿焚，免復斂爲民累。皆報許。時父母在容城，侃曉夜悲泣，乞假，冒險迎之。景泰初，議錄扈從死事諸臣後。侃因言避難偷生者，宜嚴譴以厲臣節。上皇將還，與同官劉福等言禮宜從厚。忤旨，被詰，尚書胡濙爲解，乃已。

再遷都給事中。軍興，減天下學校師儒俸廩。侃奏復之。戶部尚書金濂違詔徵租，侃論濂，下之吏。石亨從子彪侵民業，侃請置重典，幷嚴禁勳戚、中官不得豪奪細民，有司隱者同罪。帝宥亨、彪，餘如其請。時給事中敢言者，林聰稱首，侃亦矯抗有直聲。廷議易儲，諸大臣唯唯。侃泣言東宮無失德，聰與御史朱英亦言不可，時議壯之。擢詹事府丞。

天順元年改太常丞，進太僕卿。〔三〕明年復設山西巡撫，遷侃右僉都御史任之。奏言：「塞北之地，與窮荒無異。非生長其間者，未有能寧居而狎敵者也。今南人戍西北邊，怯風寒，聞寇股栗。而北人戍南，亦不耐暑，多潛逃。宜令南北清勾之軍，各就本土補伍，人情交便，戎備得修。」時不能用。奏發巡按李傑罪，傑亦訐侃。按傑事有驗，除名。侃無贓罪，獲宥。六年考察屬吏，奏罷布政使王允、李正芳以下百六十人。因言：「諸臣年與臣若、不堪任事者，臣悉退之，臣亦當罷。」詔不許。侃性剛方，力振風紀，貪墨者屏跡。其年冬以母喪歸，軍民擁泣，至不得行。服除，遂不出，家居十餘年卒。

侃事親孝，好學安貧，歿幾不能殮。弘治初，國子生江紀等言，前祭酒胡儼，都御史高明、李侃學行事功，彰著耳目，並乞賜謚。寢不行。侃二子：德恢，嚴州知府；德仁，河東鹽運使。

雷復，字景暘，湖廣寧遠人。正統初進士。授行人，歷官廣西副使。藤縣民胡趙成搆瑤陷縣治，復與參將范信討斬之。成化初以大臣會薦，擢山東右布政使。七年徵拜禮部右侍郎。尋改右副都御史，巡撫山西。繼李侃後，端恪守法，得軍民心。敗寇紅沙烟，再敗之烟寺溝、石人村，賜敕奬勞。時山西大祲，而廷議以陝西用兵，令預徵芻餉，轉輸楡林。復上言：「自山西至楡林，道路險絕，民齎銀往易，價騰踴，不免稱貸，償責多破產。今雨雪愆違，饑民疾病流離，困悴萬狀，而應輸綾帛、藥果諸物，又不下萬計。乞依山東例蠲除，仍發帑振贍。」帝從之。及發金三萬不足，請鬻鹽四十萬引，幷令民入粟授散官。皆報可。十年夏卒於官。

李綱，字廷張，長清人。幼從父入都，墜車下，車轢體過，竟不傷，人咸異之。登天順元年進士，授御史。歷按南畿、浙江，劾去浙江贓吏至四百餘人，時目爲「鐵御史」。奉敕編集陝西延綏士兵。還，遷太僕寺少卿，巡畿輔馬政，盡却有司饋。按冀州，遇盜問隸人曰：「太僕李公耶？是何從得金。」不啓篋而去。成化十三年遷右僉都御史。轉左，出督漕運，與平江伯陳銳共事。踰年卒。銳見笥中惟斂衣，揮涕曰：「君子也。」爲具棺斂，聞其清節於朝。帝特命賜祭葬，不爲令。綱清剛似李侃，爲時所重。

原傑，字子英，陽城人。正統十年進士。又二年，授南京御史，尋改北。巡按江西，捕誅劇盜，姦宄斂跡。復按順天諸府。大水，牧官馬者乏芻，馬多斃，有司責償。傑請免之，開中鹽引入米振饑。疏入，爲部所格，景帝卒從傑議。超擢江西按察使。發寧王奠培淫亂事，革其護衞。治行聞，賜誥旌異，遷山東左布政使。

成化二年就拜右副都御史，巡撫其地。歲凶振救，民無流移。召爲戶部左侍郎。時黃河遷決不常，彼陷則此淤。軍民就淤墾種，姦徒指爲園場屯地，獻王府邀賞，王府輒據有之。傑請獻者謫戍，幷罪受獻者。從之。江西盜起，以傑嘗再莅其地得民，詔往治。捕戮六百餘人，餘悉解散。改左副都御史，還佐院事。

荊、襄流民數十萬，朝廷以爲憂。祭酒周洪謨嘗著流民圖說，謂當增置府縣，聽附籍爲編氓，可實襄、鄧戶口，俾數百年無患。都御史李賓以聞。帝善之。十二年，遂命傑出撫。偏歷山谿，宣朝廷德意，諸流民欣然願附籍。於是大會湖廣、河南、陝西撫、按官籍之，得戶十一萬三千有奇，口四十三萬八千有奇。其初至，無產及平時頑梗者，驅還其鄉，而附籍者用輕則定田賦。民大悅。因相地勢，以襄陽所轄鄖縣，居竹、房、上津、商、洛諸縣中，道路四達，去襄陽五百餘里，山林阻深，將吏鮮至，猝有盜賊，府難遙制，乃拓其城，置鄖陽府，以縣附之。且置湖廣行都司，增兵設戍，而析竹山置竹谿，析鄖置鄖西，析漢中之洵陽置白河，與竹山、上津、房咸隸新府。又於西安增山陽，南陽增南召、桐柏，汝州增伊陽，各隸其舊府。制既定，薦知鄧州吳遠爲鄖陽知府，諸縣皆擇鄰境良吏爲之。流人得所，四境乂安。將還，以地界湖廣、河南、陝西，事無統紀，因薦御史吳道宏自代。詔即擢道宏大理少卿，撫治鄖陽、襄陽、荊州、南陽、西安、漢中六府。鄖陽之有撫治，自此始也。傑以功進右都御史。

傑數敭歷於外，既居內臺，不欲出。荊、襄之命，非其意也。事竣，急請還朝。會南京兵部缺尚書，以傑任之。傑疏辭。不許。遂卒於南陽，年六十一。鄖、襄民爲立祠，詔贈太子太保，錄其子宗敏爲國子生。

彭誼，字景宜，東莞人。正統中，由鄉舉除工部司務。嘗與尚書辯事，無所阿。景帝立，用薦改御史。從尚書石璞塞沙灣決河，進秩二等。復決，再往塞之。

景泰五年，以從大學士王文巡視江、淮，擒獲蘇州賊，擢大理寺丞。明年二月擢右僉都御史，提督紫荊、倒馬諸關。劾都指揮胡璽納賄縱軍罪。天順初，罷巡撫官。中朝有不悅誼者，下遷紹興知府。歲饑，輒發廩振貸。吏白當俟朝命，誼曰：「民方急，安得循故事耶？」築白馬閘障海潮。歷九載，多惠政。超擢山東左布政使，入爲工部左侍郎。

成化四年，遼東巡撫張岐得罪，吏部舉代者。帝曰：「遼東自王翺後，屢更巡撫，多不稱，可於大臣中求之。」乃改誼右副都御史以往。鎭守中官橫徵諸屬衞。誼下令，凡文牒不經巡撫審定者，所司毋輒行，虐焰爲息。十年冬，戶部檄所司開黑山金場。誼奏永樂中太監王彥等開是山，督夫六千人，三閱月止得金八兩，請罷之。遂止。

誼好古博學，通律曆、占象、水利、兵法之屬。平居謙厚簡默，臨事毅然有斷。鎭遼八年，軍令振肅。年未老，四疏告歸，家居四十餘年卒。

牟俸，巴人。景泰初進士。授御史，巡按雲南。南寧伯毛勝鎭金齒，俸列其違縱罪，將吏皆聳。天順元年出爲福建僉事。成化初，進秩副使。久之，遷江西按察使，政尙嚴厲，入爲太僕卿。

八年以左僉都御史巡撫山東。歲祲，請發濟南倉儲減價以糶，令臨淸關稅收米麥濟振。皆從之。時大饑，雖獲振，饑民衆，轉徙益多。俸請敕鄰境撫、按隨所在安輯，秋成資遣復業。又乞開中淮、浙鹽百萬引，盡蠲州縣逋課。詔如所請，更命移臨淸倉粟十萬石振之。至七月，俸又言公私困竭，救荒靡策，乞開納粟例，令胥吏得就選，富民授散官，且截留漕糧備振。十月復言：「今救荒者止救其饑，不謀其寒。縱得食，終不免僵死，乞貸貧民布棉。」帝皆嘉納。俸又檄發東昌、濟寧倉粟十萬餘石爲軍士月糧，而以德州、臨清寄庫銀易米振濟，奏請伏專擅罪。帝特宥之。已，復以俸奏免柴夫折價銀，移河南輸邊粟濟山東，而別給銀爲邊餉，山東輸京租二十萬石，給本地用。十年又饑，請發倉儲出貸。撫山東五年，盡心荒政，活饑民不可勝數。

以右副都御史改撫蘇、松。俸性嚴。以所部多巨室，欲故摧抑之，乃禁索私租，勸富家出穀備振動千計，怨謗紛然。中官汪直有事南京，或譖俸。直歸，未發也。俸初在山東，與布政陳鉞負氣不相下。後鉞從容言俸短，直信之。十四年，俸議事至京，直請執俸下詔獄。先是，所親學士江朝宗除服還朝，俸迓之九江，聯舟並下，所至，有司供張頗盛。直因謂朝宗有所關說，幷下獄。詞連僉事吳𤦉等十餘人，俱被逮。繫獄半歲，謫戍湖廣。

俸在江西時，共成許聰獄，人多議其深文。至是被禍，皆知爲直誣，然無白其冤者。踰年，卒戍所。

夏壎，字宗成，天台人。景泰二年進士。授御史。天順初，巡按福建，織清軍江西，發鎭守中官葉達恣橫狀，達爲斂戢。以薦超擢廣東按察使。時用師歲久，役民守城，壎至悉遣之。

成化初，奏：「猺、僮弗靖，用兵無功，由有司撫字乖方，賊因得誘良民爲徒黨。劇寇數百，脅從萬千，進則驅之當前，退則殺以抒憤，害常在民，而利常在彼。況用兵不已，供斂日增，以易搖之人心，責無窮之軍費，恐外患未除，內變先作。請愼選監司守令，撫綏遺民，彼被脅之衆自聞風來歸。」帝深納其言。尋遷布政使，調江西。

八年以右副都御史巡撫四川。苗、僚時爲寇。壎立互知會捕法，賊爲之戢。古州苗萬餘，居爛土久，時議逐之，壎謂非計。松潘參將堯彧請益戍兵三千，又力陳不可。皆得寢。已，奏所部將校多犯法，奏請踰時，輒至遁逸。請先逮繫，然後奏聞。帝可之。

壎剛介，善聽斷，所至民不冤。在蜀二年，民夷畏服。然厭繁劇，與時多齟齬。子鏌獻詩勸歸，壎欣然納焉。年未五十，即求退。章四上，得請。旣歸，杜門養親，不接賓客。又五年卒。

鏌舉進士。弘治四年謁選入都，上書請復李文祥、鄒智等官，罷大學士劉吉。忤旨，下獄，得釋。久之，除南京大理評事。疏論賦斂、傜役、馬政、鹽課利弊，及宗藩、戚里侵漁狀。

不報。鋐素無宦情。居官僅歲餘，念母老，乞侍養，遂歸。家居三十餘年，竟不復出。

高明，字上達，貴溪人。幼事母以孝聞。登景泰二年進士，授御史。聞內苑造龍舟，切諫。有指揮爲大臣所陷，論死，辯出之。徐州民訴有司於朝。時例，越訴者戍邊。明言：「戍邊，防誣訴也。今訴不誣，法止當杖。」民有爲妖言者，吏貪功，誣以謀反。明按無反狀，止坐妖言律。皆報許。

巡按河南，黜屬吏六十人。再按畿輔，入總諸道章奏。天順初，尚書陳汝言有罪，偕諸御史劾，下之獄。四年，御史趙明等劾天下朝覲官，觸帝怒，詰草疏主名。衆大懼，明獨自承。都御史寇深言：「頻年章疏，盡出明手，幸勿以細故加罪。」帝意解，反稱明能。石亨旣誅，僮僕皆收。明言不宜，坐免者百人。擢大理寺丞。

憲宗立，拜南京右僉都御史。以留都春夏淫雨，請修人事以回天意。時納馬入監者至萬餘人，明請區別。薦郎中孫瓊、陳鴻漸、梅倫、何宜，主事宋瑛，皆端方廉潔，恬於進取，宜顯擢以風有位。疏下所司。

成化三年，揚州鹽寇起，守兵失利，詔明討之。造巨艦，名曰籌亭，往來江上督戰，並江置邏堡候望。賊蹤跡無所匿，遂平之。內官鬻私鹽，據法沒入，鹽政大治。因條上利病十餘事，多議行。仍還原任，以親老乞終養歸。

十四年，上杭盜發。詔起巡撫福建，督兵往討。擒誅首惡，餘皆減死遣戍。以上杭地接江西、廣東，盜易嘯聚，請析置永定縣。移疾徑歸。久之，卒。

楊繼宗，字承芳，陽城人。天順初進士。授刑部主事。囚多疫死，爲時其食飲，令三日一櫛沐，全活甚衆。又善辨疑獄。河間獲盜，遣里民張文、郭禮送京師，盜逸。文謂禮曰：「吾二人並當死。汝母老，鮮兄弟，以我代盜，庶全汝母子命。」禮泣謝，從之。文桎梏詣部，繼宗察非盜，竟辨出之。

成化初，用王翺薦，擢嘉興知府。以一僕自隨，署齋蕭然。性剛廉孤峭，人莫敢犯。而時時集父老問疾苦，爲袪除之。大興社學。民間子弟八歲不就學者，罰其父兄。遇學官以賓禮。師儒競勸，文教大興。御史孔儒清軍，里老多撻死。繼宗榜曰：「御史杖人至死者，詣府報名。」儒怒。繼宗入見曰：「爲治有體。公但剔姦弊，勸懲官吏。若比戶稽核，則有司事，非憲體也。」儒不能難，而心甚銜之。瀕行，突入府署，發篋視之，敝衣數襲而已，儒慚而去。中官過者，繼宗遺以菱芡、曆書。中官索錢，繼宗卽發牒取庫金，曰：「金具在，與我印券。」中官咋舌不敢受。入覲，汪直欲見之，不可。憲宗問直朝覲官孰廉，直對曰：「天下不愛錢者，惟楊繼宗一人耳。」

九載秩滿，超遷浙江按察使。數與中官張慶忤。慶兄敏在司禮，每於帝前毁繼宗。帝曰：「得非不私一錢之楊繼宗乎？」敏惶恐，遺書慶曰：「善遇之，上已知其人矣。」聞母喪，立出，止驛亭下，盡籍廨中器物付有司。惟攜一僕、書數卷而還。

服除，以右僉都御史巡撫順天。畿內多權貴莊田，有侵民業者，輒奪還之。按行關塞，武備大飭。星變，應詔陳言，歷指中官及文武諸臣貪殘狀，且請召還中官出鎭者，益爲權貴所嫉。治中陳翼訐其過，權貴因中之，左遷雲南副使。

孝宗立，遷湖廣按察使。既至，命汲水百斛，洗滌廳事而後視事，曰：「吾以除穢也。」居無何，復以僉都御史巡撫雲南。三司多舊僚，相見歡然。既而出位揖之曰：「明日有公事，諸君幸相諒。」遂劾罷不職者八人。未幾卒。

繼宗力持風節，而居心慈厚，自處必以禮。爲知府，謁上官必衣繡服，朝覲謁吏部亦然。或言不可，笑曰：「此朝廷法服也，此而不服，將安用之？」爲浙江按察時，倉官十餘人坐缺糧繫獄，至鬻子女以償。繼宗欲寬之而無由。一日，送月俸至，命量之，則溢原數。較他司亦然。因悟倉吏缺糧之由，將具實以聞。衆懼，請於繼宗，願捐俸代償。由是十人者獲釋。嘗監鄉試得二卷，具朝服再拜曰：「二子當大魁天下，吾爲朝廷得人賀耳。」及拆卷，王華、李旻也，後果相繼爲狀元。人服其鑑。天啓初，謚貞肅。

贊曰：明初以十五布政司分治天下，諸邊要害則遣侯伯勳臣鎮扼之。永樂之季，敕蹇義等二十六人巡行天下，安撫軍民，事竣還朝，不爲經制。宣德初，始命熊概巡撫蘇、松、兩浙。越數年，而江西、河南諸省以次專設巡撫官。天順初，暫罷復設，諸邊亦稍用廷臣出鎮或參贊軍務。蓋以地大物衆，法令滋章，三司謹奉敎條，修其常職，而興利除弊，均賦稅，擊貪濁，安善良，惟巡撫得以便宜從事。熊概以下諸人，强幹者立聲威，愷悌者流惠愛，政績均有可紀。于謙、周忱巡撫最爲有名，而勳業尤盛，故別著焉。

校勘記

〔一〕濬渠百八十里　原脫「百」字，據明史稿傳四四陳泰傳、英宗實錄卷二五八景泰六年九月戊子條、國榷卷三一頁一九九九補。

〔二〕尋巡視浙江　巡視，原作「巡撫」。據本書卷一三憲宗紀、憲宗實錄卷七六成化六年二月辛未條改。

〔三〕進太僕卿　明史稿傳四四李侃傳、憲宗實錄卷二七〇成化二十一年九月庚申條都作進太僕少卿。按明官制太僕寺卿從三品，少卿正四品，都察院左右僉都御史正四品。如李侃由太僕卿遷右僉都御史，不是遷陞，反而降了一級，作進太僕少卿是。

明史卷一百六十

列傳第四十八

王彰 魏源 金濂 石璞 王卺 羅通 羅綺 張固

張瑄 張鵬 李裕

王彰，字文昭，鄭人。洪武二十年舉於鄉，補國子生。使山東平糴，以廉幹稱，擢吏科源士。〔一〕踰年，革源士，改給事中，累遷山西左參政。

永樂五年召爲禮部侍郎。父喪，服除，改戶部。陝西大疫，奉使祀西嶽。新安民鬻子女償賦。彰奏爲蠲除，贖還所鬻。改右副都御史。

陝西僉事馬英激肅州番爲變，殺御史及都指揮。彰劾英，置極典。又劾御史陳孟旭受賕枉法，文獻盜銀課，及金吾指揮李嚴逐母不養，皆坐死。他所論劾甚衆。十一年從帝北巡。彰有母年八十餘矣，命歸省，賜其母冠服金幣。諭之曰：「君子居官不忘親，居家不忘君。凡所過，民安否，吏賢不肖，悉以聞。」彰還，奏事稱旨。久之，進右都御史。
十九年，帝遣廷臣二十六人巡撫天下，彰與給事中王勵往河南。終明世，大臣得撫鄉土者，彰與葉春而已。河南水災，民多流亡，長吏不加恤。彰奏黜貪刻者百餘人，罷不急之徵十餘事，招復流民，發廩振貸，多所全活。還朝，命督餉北征。仁宗卽位，河溢開封，命彰與都指揮李信往振恤。

宣德元年五月命彰自良鄉抵南京巡撫軍民。尋以所言率常事，降敕切責，令詳具利病以聞。復諭侍臣曰：「兩京相距數千里，驛使往來爲擾，或遘水旱，小民失所，朝使還及御史巡歷皆不以告，故遣彰往視。今所奏多細故。大臣如此，朕復何望。卿等當悉朕意，君臣同體，勿有所疑。」尋召還，命與都督山雲巡山海至居庸諸關隘。踰二月還，奏將士擅離者，帝命逮治。遂命兵部三月一遣御史、給事中點閱。明年四月卒於官。

彰嚴介自持，請托皆絕，然用法過刻。其母屢以爲言，不能改。時劉觀爲左都御史。人謂彰公而不恕，觀私而不刻云。

魏源，字文淵，建昌縣人。永樂四年進士。除監察御史。辨松江知府黃子威誣，奏減浙東瀕海漁課。巡按陝西。西安大疫，療活甚衆。奏言：「諸府倉粟積一千九十餘萬石，足支十年。今民疫妨農，請輸鈔代兩稅之半。」從之。涼州土寇將爲變。亟請剿，亂遂息。兩遭喪，俱起復。洪熙元年出爲浙江按察副使。

宣德三年召署刑部右侍郎。五年，河南旱荒，民多轉徙。帝以源廉正有爲，命爲左布政使，俾馳驛之任。時侍郎許廓往撫輯，廷議又起丁憂布政使李昌祺原官。源與廓、昌祺發倉廩，免逋賦雜役，流民漸歸。雨亦旋降，歲大豐。居三年，召還，授刑部左侍郎。明年，永豐民夏九旭等據大盤山爲亂。帝以源江西人，命撫之，都督任禮帥兵隨其後。未至，官軍擒九旭，因命二人採木四川，兼飭邊務。

英宗卽位，進尙書。正統二年五月命整飭大同、宣府諸邊，許便宜行事。源遣都督僉事李謙守獨石，楊洪副之，劾萬全衞指揮杜衡戍廣西。明年奏大同總兵官譚廣老，帝命黃眞、楊洪充左右參將協鎭，諸將肅然。按行天城、朔州諸險要，令將吏分守。設威遠衞，增修開平、龍門城，自獨石抵宣府，增置墩堠。免屯軍租一年，儲火器爲邊備，諸依權貴避役者悉括歸伍。尋以宣、大軍務久弛，請召還巡撫僉都御史盧睿，而薦兵部侍郎于謙爲鎭守參贊。朝廷以謙方撫山西、河南，不聽。于是言官以臨邊擅易置大臣爲源罪，合疏劾之。且言源爲御史嘗犯贓，乃冒領誥命。帝以源有勞，置不問。事竣還朝，與都御史陳智相詈於直廬。智以聞，詔兩責之。

歲旱，錄上疑獄，且請推行於天下，報可。旋坐決獄不當，與侍郎何文淵俱下獄。得宥，復以上遼王貴烚罪狀，不言其內亂事，與三司官皆繫詔獄。累月，釋還職。

源在刑部久，議獄多平恕。陝西僉事計資言，武臣雜犯等罪，予半俸，謫極邊。源以所言深刻，奏寢之。郎中林厚言禁刁訟、告訐及擇理刑官、勘重囚務憑贓具四事，皆以源議得施行。六年以足疾命朝朔望。八年致仕，卒。

金濂，字宗瀚，山陽人。永樂十六年進士。授御史。宣德初，巡按廣東，廉能最。改按江西、浙江。捕巨盜不獲，坐免。盜就執，乃復官。嘗言郡縣吏貪濁，宜敕按察司、巡按御史察廉能者，如洪武間故事，遣使勞賚，則清濁分，循良勸。帝嘉納之。用薦遷陝西副使。

正統元年上書請補衞所缺官，益寧夏守兵，設漢中鎮守都指揮使，多議行。三年擢僉都御史，參贊寧夏軍務。濂有心計，善籌畫，西陲晏然。寧夏舊有五渠，而鳴沙洲七星、漢伯、石灰三渠淤。濂請濬之，溉蕪田一千三百餘頃。時詔富民輸米助邊，千石以上褒以璽書。濂言邊地粟貴，請并旌不及額者，儲由此充。六年詔僉都御史盧睿與濂更代。明年，睿召還，濂復出鎭。尋加右副都御史，與睿代者再。

八年秋拜刑部尙書，侍經筵。十一年，安鄉伯張安與弟爭祿，詔逮治。法司與戶部相諉，言官劾濂及戶部尙書王佐，右都御史陳鎰，侍郞丁鉉、馬昂，副都御史丁璿、程富等，俱下獄。數日，釋之。

福建賊鄧茂七等爲亂，都督劉聚、都御史張楷征之，不克。十三年十一月大發兵，命寧陽侯陳懋等爲將軍往討，以濂參軍務。比至，御史丁瑄已大破賊，茂七死，餘賊擁其兄子伯孫據九龍山，拒官軍。濂與衆謀，羸師誘之出，伏精兵，入其壘，遂擒伯孫。帝乃移楷討浙寇，而留濂擊平餘賊未下者。會英宗北狩，兵事棘，召還。言者交劾濂無功，景帝不問，加濂太子賓客，給二俸。尋改戶部尙書，進太子太保。

時四方用兵，需餉急，濂綜核無遺，議上撙節便宜十六事，國用得無乏。未幾，上皇還，也先請遣使往來如初。帝堅意絕之。濂再疏諫。不聽。初，帝卽位，詔免景泰二年天下租十之三。濂檄有司，但減米麥，其折收銀布絲帛者徵如故。三年二月，學士江淵以爲言，命部查理。濂內慚，抵無有。給事中李侃等請詰天下有司違詔故。濂恐事敗，乃言：「銀布絲帛，詔書未載，若槪減免，國用何資？」於是給事中御史劾濂失信於民，爲國斂怨，且訐其陰事。帝欲宥之，而侃與御史王允力爭，遂下都察院獄。越三日釋之，削宮保，改工部。吏部尙書何文淵言理財非濂不可，乃復還戶部。濂上疏自理，遂乞骸骨，帝慰留之。東宮建，復宮保。尋復條上節軍匠及僧道冗食共十事。五年卒官，以軍功追封沭陽伯，謚榮襄。

濂剛果有才，所至以嚴辦稱，然接下多暴怒。在刑部持法稍深。及爲戶部，值兵興財詘，頗厚斂以足用云。

石璞，字仲玉，臨漳人。永樂九年舉於鄉，入國學。選授御史。正統初，歷任江西按察使。三年坐逸囚，降副使。璞善斷疑獄。民娶婦，三日歸寧，失之。婦翁訟婿殺女，誣服論死。璞禱於神，夢神示以麥字。璞曰：「麥者，兩人夾一人也。」比明，械囚趣行刑。未出，一童子窺門屏間。捕入，則道士徒也。叱曰：「爾師令爾偵事乎？」童子首實，果二道士匿婦槁麥中。立捕，論如法。在江西數年，風紀整肅，雖婦豎無不知石憲使者。

七年遷山西布政使。明年，以朝廷歲用物料，有司科派擾民，請于折糧銀內歲存千兩，令官買辦，庶官用可完，民亦不擾。從之。

工部尙書王卺以不能屈意王振，十三年致仕去。璞爲振所善，遂召爲尙書。明年，處州賊葉宗留作亂，總兵官徐恭等往討，以璞參其軍事。師未至，宗留已爲其黨陳鑑胡所殺。巡撫張驥招降鑑胡，賊勢稍息。璞等逗遛無功，爲御史張洪等所劾，詔俟師旋以聞。已而景帝嗣位，召還。論功，兼大理寺卿。尋出募天下義勇，還朝。會中官金英下獄，法司劾璞嘗賂英，遂并下璞獄，當斬，特宥之，出理大同軍餉。敵犯馬營，命提督宣府軍務。至則寇已退，還理部事。加太子太保，給二俸。

河決沙灣，命治之。璞以決口未易塞，别濬渠，自黑洋山至徐州，以通漕艘，而決口如故。乃命內官黎賢等偕御史彭誼助之。于沙灣築石堤以禦決河，開月河二，引水益運河以殺水勢，決乃塞。璞還言：「京師盜賊多出軍伍，間有獲者，輒云『糧餉虧減，妻孥饑凍故』。又聞兩畿、山東、河南被災窮民多事剽掠，不及今拊循，恐方來之憂甚於邊患。口外守軍，夜行晝伏，艱苦萬狀。今邊疆未靖，宜增餉以作士氣，乃反減其月糧，此實啓盜悞國之端，非節財足用之術。」帝深納其言。沙灣復決，璞再往治之。以母憂歸，起復。

六年改兵部尚書，與于謙協理部事。明年，湖廣苗亂，命璞總督軍務，與南和伯方瑛討之。天順元年以捷聞。召還，命致仕。既而論功，賜鈔幣。四年冬用李賢薦，召爲南京左都御史。時璞已老聵，不能任事。七年爲錦衣衛指揮僉事門達所劾罷，歸卒。

王晉，鄗人。永樂中鄉薦，歷山東左布政使，所至有惠政。正統六年入爲工部侍郎，代吳中爲尚書。歸家十五年卒。

羅通，字學古，吉水人。永樂十年進士。授御史，巡按四川。都指揮郭贇與清軍御史汪琳中交通爲奸利，通劾奏，逮治之。三殿災，偕同官何忠等極陳時政闕失。忤旨，出爲交阯清化知州。

宣德元年，黎利反，王通戰敗，擅傳檄割清化迤南畀賊。〔三〕賊方圍清化，通與指揮打忠堅守，乘間破賊，殺傷甚衆。賊將遁而檄至，通曰：「吾輩殺賊多，出城必無全理，與就縛，曷若盡忠死。」乃與忠益固守。賊久攻不下，令降將蔡福說降，通登陴大罵。賊知城不可拔，引去。及還京，宣宗大奬勞之。改戶部員外郎，出理宣府軍餉。奏言：「朝議儲餉開平，令每軍運一石，又當以騎士護行，計所費率二石七斗而致一石。今軍民多願輸米易鹽，請捐舊例五分之二，則人自樂輸，餉足而兵不疲。」帝可之。

正統初，遷兵部郎中，從尚書王驥整飭甘肅邊務。從破敵于兀魯乃還，以貪淫事爲驥所覺。驥遣通奏邊情，卽疏通罪。下獄，謫廣西容山閘官。已，調東莞河泊所官。九年，都督僉事曹儉薦其有文武才，乞收用。吏部執不可。

景帝監國，以于謙、陳循薦，起兵部員外郎，守居庸關。俄進郎中。帝卽位，進右副都御史。也先犯京師，別部攻居庸甚急。天大寒，通汲水灌城，氷堅不得近。七日遁走，追擊破之。

景泰元年召還。時楊洪督京營，命通參軍務兼理院事。言：「諸邊報警，率由守將畏徵調，飾詐以惑朝廷，遇賊數十輒稱殺敗數千。向者德勝等門外不知斬馘幾何，而獲官者至六萬六千餘人。輦下且然，何況塞外。且韓信起自行伍，穰苴拔於寒微，宜博搜將士中如信、苴者，與議軍事。若今腰玉珥貂，皆苟全性命保爵祿之人，憎賢忌才，能言而不能行，未足與議也。」意蓋詆謙與石亨輩。謙疏辨，言：「槪責邊報不實，果有警，不奏必致悞事。德勝門外官軍升級，惟武清侯石亨功次册當先者萬九千八百餘人，及陣亡三千餘人而已，安所得六萬之多？通以爲濫，宜將臣及亨等陞爵削奪。有如韓信、穰苴者，乞卽命指薦，幷罷臣營務，俾專治部事。」疏下廷議。廷臣共言謙及石亨、楊洪實堪其任，又謂通志在滅賊，無他。帝兩解之。尋敕謙錄功，不得如從前冒濫，蓋因通言而發也。給事中覃浩等言通本以知兵用，不宜理院事，乃解其兼職。

塞上軍民多爲寇所掠。通請榜諸邊能自歸者，軍免戍守三年，民復傜役終身。又請懸封爵重賞，募能擒斬也先、伯顏帖木兒、喜寧者。已，又言：「古之將帥務搜拔衆才，如知山川形勢者可使導軍，能騰高越險者可使覘敵，能風角鳥占者可使備變。今軍中未見其人，乞敕廷臣各舉所知，命總兵官楊洪、副將孫鏜同臣考驗。」詔皆行之。

宣府有警，總兵官朱謙告急。廷推都督同知范廣帥兵往，以通提督軍務。寇退，駐師懷來、宣府，以邊儲不敷，召還。六月，于謙以山西近寇，請遣大臣往鎭，楊洪亦乞遣重臣從雁門關護餉大同。帝以命通。通不欲行，請得與謙、洪俱。謙言國家多難，非臣子辭勞之日，奏乞躬往。帝不允，卒命通。通本謙所舉，而每事牴牾，人由是不直通。

二年召還，仍贊軍務。東宮改建，加太子少保。上言：「貢使攜馬四萬餘匹，宜量增價酬之。價增則後來益衆，此亦強中國弱外裔之一策。」帝以所貢馬率不堪用，若增價正墮賊計，寢通奏。四年進右都御史，贊軍務如故。

通好大言，遇人輒談兵。自陳殺賊功，求世襲武職，爲給事中王竑所劾。帝釋不罪。天順初，自陳預謀迎駕，恐爲石亨等所掩，乃授其二子所鎭撫。三年致仕。成化六年卒。賜祭葬如例。

羅綺，磁州人。宣德五年進士。英宗卽位，授御史，按直隸、福建有能名。正統九年參贊寧夏軍務。踰年當代，軍民詣鎭守都御史陳鎰乞留。以聞，命復任。尋擢大理右寺丞，參贊如故。常以事劾指揮任信、陳斌。二人皆王振黨。十一年四月，信、斌訐綺不法事，下總兵官黃眞覆覈。眞謂綺常詈宦官爲老奴，以激怒振。召還京。法司擬贖，振改令錦衣衞再鞫。指揮同知馬順鍛鍊成獄，謫戍遼東。景帝立，綺訴冤，不聽。尋用尙書于謙、金濂薦，召復故官，進右少卿，副李實使瓦剌。

上皇還，以勞擢刑部左侍郎。明年二月，出督雲南、四川軍儲。已，代寇深鎭守松潘。賊首卓勞糾他呰阿兒結等頻爲寇，綺擒斬之。土官王永、高茂林、董敏相讐殺，守將不能制，綺擣永巢誅之。又敗黑虎諸塞番，斬馘三百五十。在鎭七年，威名甚震。

天順初，召爲左副都御史，以功賜二品祿。御史張鵬、楊瑄劾石亨。亨謂綺與右都御史耿九疇使之，幷下獄，降廣東參政。〔三〕綺鞅鞅未赴。明年閏二月，綺鄉人告磁州同知龍約自京還，與綺言天子仍寵宦官，刻香木爲王振形以葬，綺微笑云：「朝廷失政，致吾輩降黜。」奏上，捕綺下吏，坐死，籍其家，陳所籍財賄于文華門示百官，家屬戍邊，婦女沒入浣衣局。憲宗立，赦爲民，還其資產。

時與綺先後鎮四川者，張固，字公正，新喻人。宣德八年進士。正統初，授刑科給事中。改吏科，奉命撫裕州流民。景泰改元，給事中李實請於四川行都司設鎮守大臣，乃遷固大理右少卿，鎮建昌。有政績。三年還理寺事。山東盜起，奉命督捕。適霖潦災，流人載道，固盡心振䘏，盜賊弭散。還，卒於官。固在諫職敢言，大臣多被彈劾，又劾都御史陳鎰等舉屬官出身掾吏者爲知府。自是掾吏不得歷知府，著爲例。英宗將北征，偕同官疏諫。復辟，追念之，已卒。遣使諭祭，官其一子。子黼，仕至廣西按察使。

張瑄，字廷璽，江浦人。正統七年進士。授刑部主事，歷郎中，有能聲。景泰時，賜敕爲吉安知府。俗尚巫，迎神無休日。瑄遇諸途，投神水中。俄遘危疾，父老皆言神爲祟，請復之。瑄怒，不許，疾亦愈。歲大饑，陳牒上官，不俟報，輒發廩振貸。居八年，用薦擢廣東右布政使。廣西賊莫文章等越境陷連山，瑄擊斬之。又破陽山賊周公轉〔四〕新興賊鄧李保等。既而大藤峽賊頻陷屬邑，瑄坐停俸。成化初，韓雍平賊，錄瑄轉餉勞，賜銀幣，給俸如初。瑄按行所部，督建預備倉六十二，修陂塘圩岸四千六百，增築廣州新會諸城垣一十二。民德瑄，惟恐其去。既轉左布政使，會滿九載，當赴京，軍民相率乞留。巡撫陳濂等爲之請，乃仍故任。

八年始以右副都御史巡撫福建。平賊林壽六、魏懷三等。福安、壽寧諸縣鄰江、浙，賊首葉旺、葉春等負險。瑄捕誅之，餘盡解散。帝降敕勞之，改撫河南。議事入都，陳撫流民、振滯才十八事，所司多議行。黃河水溢，瑄請振，且移王府祿米於他所，留應輸榆林餉濟荒，石取直八錢輸榆林，民稱便。

還理院事。尋遷南京刑部侍郎。久之，進尚書。二十年，星變，被劾，帝弗問。居三年，給事御史復劾之，遂落職。孝宗立，復官，致仕。

張鵬，字騰霄，淶水人。景泰二年進士。授御史。上疏言：「懷利事君，人臣所戒。比每遇聖節，或進羊馬錦綺，交錯殿廷。自非貪賄，安有餘財充進奉？且陛下富有四海，豈藉是足國哉？宜一切停罷，塞諂諛奔競之途。」疏凡四事，帝頗採用。出按大同、宣府，奏：「兩鎮軍士敝衣菲食，病無藥，死無棺，乞官給醫藥棺櫝，設義塚，俾饗厲祭，死者蒙恩，則生者勸。」帝立報可，且命諸邊概行之。奏停淮、揚征賦，給牛種。

天順元年，同官楊瑄劾石亨、曹吉祥。鵬亦偕劉泰、魏瀚、康驥論劾。俱得罪，下詔獄。

諸御史多謫官，而鵬、瑄戍遼東。頃之赦免，復戍南丹。憲宗立，廷臣交薦，召復原官，尋超擢福建按察使。

成化四年，以右僉都御史巡撫廣西，剿蠻寇有功。其冬罷巡撫官，命還理南京都察院事。改督漕運，兼撫淮、揚四府。尋解漕務，專理巡撫事。復還南院，進副都御史，巡撫寧夏。召還，歷兵部左、右侍郎。

十八年代陳鉞爲兵部尚書。守珠池宦官韋助乞往來高、肇、瓊、廉，會守巡官捕寇。鵬執不可，帝竟許之。南北印馬，率遣勳臣、內侍，後以災傷止遣御史。是年，帝復欲遣內侍，鵬等執不可。帝勉從之，命俟後仍如故事。鎭守大同中官汪直言小王子將大舉，請發京兵援。鵬等言：「大同士馬四萬已足用，所請宜勿許。且京軍困營造，精力銷沮，猝有急，何以作威厲氣，請悉停其役。」詔可。尋加太子少保。

鵬初爲御史，剛直尙氣節，有盛名。後歇歷中外，惟事安靜。羣小竊柄，閣臣萬安、劉吉輩專營私，鵬循職而已，不能有所匡救。二十一年，星變，鵬偕僚屬言：「傳奉武職至八百餘人，乞悉令閒住，非軍功毋濫授。四方鎭守、監槍、守備內官，非正統間原設者，悉宜召還。」廷臣亦交以請，下兵部覆覈。鵬畏中官，不敢堅其議，帝遂盡留之。時論皆咎鵬。奸民章瑾獻珍寶，得爲錦衣鎭撫。理刑缺，鵬所上不允。知帝意屬瑾，卽推用焉。臺諫劾大臣不職者多及鵬，鵬力求去，遂賜敕給驛以歸。弘治四年卒。諡懿簡。

李裕，字資德，豐城人。景泰五年進士。授御史。天順中，巡按陝西，上安邊八事。石彪濫報首功，詔裕覈實。彪從父亨以書抵裕，裕焚之，以實聞。亨亦旋敗。由是有强直聲。都御史寇深遇僚屬嚴，惟裕不爲屈。

以才擢山東按察使。重囚二百餘人，或經十餘年未判，裕旬月間決遣殆盡。大峴山賊寨七十餘，裕捕戮其魁，縱脅從，除其逋負，亂遂平。

成化初，遷陝西左布政使，入爲順天府尹。政聲大著。進右副都御史，總督漕運兼巡撫江北諸府。濬白塔、孟瀆二河以便漕。張秋南旺及淮安西湖舊編木捍衝激，勞費無已。裕與郎中楊恭等謀，易以石，遂爲永利。淮、鳳方饑，而太僕徵預備馬二萬匹。裕論罷之。在淮六歲，每歲入計事，陳利病，多施行。父憂歸，服除，留佐院事。

十九年代戴縉爲右都御史。縉附汪直，嘗請復立西廠者也，在臺綱紀不立。裕欲振之。御史有過，或遭箠撻，由是得謗。汪直敗，偕副都御史屠滽請雪諸忤直得罪者。帝不悅，奪俸。又坐累，調南京都察院。考績赴都，留爲工部尚書。

初，吏部尚書尹旻罷，耿裕代之。以持正不爲萬安所喜。而李孜省方貴幸用事，欲引鄉人，乃協謀去耿裕，以裕代之。裕本廉介負時望，以孜省故，名頗損。其銓敘亦平。故事，考察目有四：曰老疾，曰罷軟，曰貪酷，曰不謹。裕言：「人材質不同。偏執類酷，遲鈍類軟。乞立『才力不及』一途，以寓愛惜人才之意。」帝善之，遂著爲令。孝宗立，言官交章劾裕進由孜省。裕不平，爲辨誣録，連疏乞休去。正德中卒，年八十八。

贊曰：王彰等或以性行未純，爲時訾議。綜其生平，瑕瑜互見。然敭歷中外，勞績多有可紀。書稱「與人不求備」，春秋之義善善長，則諸人固不失爲國家幹濟材歟。

校勘記

〔一〕擢吏科源士　吏科，原作「吏部」，據明史稿傳四四王彰傳、宣宗實録卷二七宣德二年四月己未條改。

〔二〕割清化迤南畀賊　迤南，原作「迤西」，據宣宗實録卷二三宣德元年十二月甲子條、國榷卷一九頁一三一一、萬曆武功録頁四一〇莫茂洽列傳改。

〔三〕降廣東參政　廣東，明史稿傳四四羅綺傳、憲宗實録卷一天順八年正月己卯條、國榷卷三四頁二二一六四都作「廣西」。

〔四〕又破陽山賊周公轉　陽山，明史稿傳五六韓雍傳附張瑄傳作「陽江」。陽山縣屬廣州府，陽江縣屬肇慶府。

明史卷一百六十一

列傳第四十九

周新 李昌祺 蕭省身 陳士啓 應履平 林碩 況鍾 朱勝

陳本深 羅以禮 莫愚 趙泰 彭勖 孫鼎 夏時 黃潤玉

楊瓚 王懋 葉錫 趙亮 劉實 陳選 夏寅 陳壯

張昺 宋端儀

周新，南海人。初名志新，字日新。成祖常獨呼「新」，遂爲名，因以志新字。洪武中以諸生貢入太學。授大理寺評事，以善決獄稱。

成祖卽位，改監察御史。敢言，多所彈劾。貴戚震懼，目爲「冷面寒鐵」。京師中至以其名怖小兒，輒皆奔匿。巡按福建，奏請都司衞所不得淩府州縣，府衞官相見均禮，武人爲之戰。改按北京。時令吏民罪徒流者耕北京閒田，監禁詳擬，往復待報，多瘐死。新請從北京行部或巡按詳允就遣，以免淹滯。從之。且命畿內罪人應決者許收贖。帝知新，所奏無不允。

還朝，即擢雲南按察使。未赴，改浙江。冤民繫久，聞新至，喜曰：「我得生矣。」至果雪之。初，新入境，羣蚋迎馬頭，跡得死人榛中，身繫小木印。新驗印，知死者故布商。密令廣市布，視印文合者捕鞫之，盡獲諸盜。一日，視事，旋風吹葉墜案前，葉異他樹。詢左右，獨一僧寺有之。寺去城遠，新意僧殺人。發樹，果見婦人屍。鞫實，磔僧。一商暮歸，恐遇劫，藏金叢祠石下，歸以語其妻。旦往求金不得，訴於新。新召商妻訊之，果商妻有所私。商驟歸，所私尚匿妻所，聞商語，夜取之。妻與所私皆論死。其他發奸摘伏，皆此類也。

新微服行部，忤縣令。令欲拷治之，聞廉使且至，繫之獄。新從獄中詢諸囚，得令貪汚狀。告獄吏曰：「我按察使也。」令驚謝罪，劾罷之。永樂十年，浙西大水，通政趙居任匿不以聞，新奏之。夏原吉爲居任解。帝命覆視，得蠲振如新言。嘉興賊倪弘三劫旁郡，黨數千人，累敗官軍。新督兵捕之，列木柵諸港汊。賊陸走，追躡之桃源，縶以獻。當是時，周廉使名聞天下。

錦衣衞指揮紀綱使千戶緝事浙江，攫賄作威福。新欲按治之，遁去。頃之，新齎文册入京，遇千戶涿州，捕繫州獄，脫走訴於綱，綱誣奏新罪。帝怒，命逮新。旗校皆錦衣私人，在道榜掠無完膚。既至，伏陛前抗聲曰：「陛下詔按察司行事，與都察院同。臣奉詔擒奸惡，奈何罪臣？」帝愈怒，命戮之。臨刑大呼曰：「生爲直臣，死當作直鬼！」竟殺之。

他日，帝悔，問侍臣曰：「周新何許人？」對曰：「南海。」帝嘆曰：「嶺外乃有此人，枉殺之矣。」後帝若見人緋衣立日中，曰「臣周新已爲神，爲陛下治奸貪吏」云。後紀綱以罪誅，事益白。

妻有節操。新未遇時，縫紉自給。及貴，偶赴同官妻內讌，荆布如田家婦。諸婦慚，盡易其衣飾。新死無子。妻歸，貧甚。廣東巡撫楊信民曰：「周志新當代第一人，可使其夫人終日餒耶？」時時賙給之。妻死，浙人仕廣東者皆會葬。

李昌祺，名禎，以字行，廬陵人。永樂二年進士。選庶吉士。預修永樂大典，僻書疑事，人多就質。擢禮部郎中，遷廣西左布政使。坐事謫役，尋宥還。洪熙元年起故官河南。與右布政使蕭省身繩豪猾，去貪殘，疏滯舉廢，救災恤貧，數月政化大行。憂歸，宣宗已命侍郎魏源代。而是時河南大旱，廷臣以昌祺廉潔寬厚，河南民懷之，請起昌祺。命奪喪赴官，撫恤甚至。正統改元，上書言三事，皆報可。四年致仕。家居二十餘年，屏跡不入公府，故廬裁蔽風雨，伏臘不充。景泰二年卒。

蕭省身，泰和人。與昌祺同舉進士。洪熙元年，布政考滿，當給誥命。奏父年八十餘，願以給父。帝嘉而許之，後遂爲例。居河南十二年，治行與昌祺等。

陳士啓，名雷，以字行，泰和人。永樂二年進士。選庶吉士，擢禮部郎中。尙書呂震險忮，屬吏皆憚之，承奉唯謹，士啓獨不少徇。

十二年三月，吏部言布、按二司多缺官。帝曰：「布政、按察，吾方岳臣，方數千里地懸數人手，其簡廷臣賢能者，分別用之。」於是諸曹郎、給事中出爲監司者二十餘人，而士啓得山東右參政。盡心吏事，不爲察察名。督徭賦，不峻期約。青州饑，疏請振之粟。使至，而饑民倍。士啓復上疏，先出粟予民，謂使者曰：「有罪吾獨任。」廷議竟從之。

坐唐賽兒亂下獄。數月，釋還職。高煦謀不軌，士啓自青州暮馳歸語三司，密聞於朝。高煦旣執，從薛祿、張本錄餘黨，撫安人民。事竣，命清理山東軍籍。宣德六年卒於官。

應履平，奉化人。建文二年進士。授德化知縣。歷官吏部郎中，出爲常德知府。宣宗初，擢貴州按察使。所至祛除奸蠹，數論時政。舊制，都督府遣使於外，必領內勘合，下都司，不敢輒下衞。至是軍府寖橫，使者挾關文四馳，歷諸衞，朘軍伍。宣德七年，履平抗疏言：「勘合之設，所以防詐僞。今右軍府遣發至黔者，不遵故事，小人憑勢橫求，詐冒何從省。」宣宗善其言，都督陳政引罪。帝令諸司永守之，軍府爲之戢。

山雲鎭廣西以備蠻，歲調貴州軍萬人，春秋更代，還多逃亡，則取原衞軍以補，不逐逃者。履平奏：「貴州四境皆苗蠻，軍伍虛，有急孰與戰守？今衞軍逃於廣西，而以在衞者補。不數年，貴州軍伍盡空，邊釁且起。」帝乃命雲嚴責廣西諸衞，追還逃軍，俟足用，卽遣歸，罷貴州戍卒。雲，名將，鎭粵有功，輕履平書生。正統元年，履平劾雲弄權，擅作威福，帝令雲自陳。雲大驚，引罪。帝宥之。

明年，上書言四事。一，鎭遠六府，自湖廣改屬貴州，當食川鹽，去蜀道遠，仍食淮鹽爲便。一，軍衞糧支於重慶，舟楫不通，易就輕賫多耗費，請以鎭遠秋糧輸湖廣者就近支給。一，停黎平諸府歲辦黃白蠟。一，貴州初開，三司月俸止一石，今糧漸充裕，請增給。並從之。

時方面以公事行部者，例不給驛。履平言儆車舟必擾民，請給驛便。又以軍伍不足，請令衞所官旂犯雜死及徒流者，俱送鎭將立功，期滿還伍；邊軍犯盜及土官民與官旂罪輕者，入粟缺儲所贖罪。並從之。三年遷雲南左布政使。時麓川用兵，屢奏勞績。八年致仕歸。

林碩，字懋弘，閩縣人。永樂十年進士。授御史，出按山東。宣德初，按浙江。爲治嚴肅，就擢按察使。千戶湯某結中官裴可烈爲奸利，碩將繩以法。中官誣碩毀詔書，被逮。碩叩頭言：「臣前爲御史，官七品。今擢按察使，官三品。日夜淬勵，思報上恩。小人不便，欲去臣，唯陛下裁察。」帝動容曰：「朕固未之信，召汝面訊耳。」立釋碩，復其官，敕責可烈。碩在浙久，人懷其惠。正統三年誤引赦例出人死，僉事耿定劾之。逮訊，輸贖還職。其冬遷廣東布政使，未及任而卒。其後寧波知府鄭珞劾可烈不法，可烈竟罷去。

況鍾，字伯律，靖安人。初以吏事尚書呂震，奇其才，薦授儀制司主事。遷郎中。宣德五年，帝以郡守多不稱職，會蘇州等九府缺，皆雄劇地，命部、院臣舉其屬之廉能者補之。鍾用尚書蹇義、胡濙等薦，擢知蘇州，賜敕以遣之。

蘇州賦役繁重，豪猾舞文爲奸利，最號難治。鍾乘傳至府。初視事，羣吏環立請判牒。鍾佯不省，左右顧問，惟吏所欲行止。吏大喜，謂太守闇易欺。越三日，召詰之曰：「前某事宜行，若止我；某事宜止，若强我行；若輩舞文久，罪當死。」立捶殺數人，盡斥屬僚之貪虐庸懦者。一府大震，皆奉法。鍾乃蠲煩苛，立條教，事不便民者，立上書言之。

淸軍御史李立勾軍暴，同知張徽承風指，動以酷刑抑配平人。鍾疏免百六十人，役止終本身者千二百四十人。屬縣逋賦四年，凡七百六十餘萬石。鍾請量折以鈔，爲部議所格，然自是頗蠲減。又言：「近奉詔募人佃官民荒田，官田準民田起科，無人種者除賦額。崑山諸縣民以死徙從軍除籍者，凡三萬三千四百餘戶，所遺官田二千九百八十餘頃，應減稅十四萬九千餘石。其他官田沒海者，賦額猶存，宜皆如詔書從事。臣所領七縣，秋糧二百七十七萬九千石有奇。其中民糧止十五萬三千餘石，而官糧乃至二百六十二萬五千餘石，有畝徵至三石者，輕重不均如此。洪、永間，令出馬役於北方諸驛，前後四百餘匹，期三歲遣還，今已三十餘歲矣。馬死則補，未有休時。工部征三梭闊布八百匹，浙江十一府止百四，而蘇州乃至七百，乞敕所司處置。」帝悉報許。

當是時，屢詔減蘇、松重賦。鍾與巡撫周忱悉心計畫，奏免七十餘萬石。凡忱所行善政，鍾皆協力成之。所積濟農倉粟歲數十萬石，振荒之外，以代民間雜辦及逋租。其爲政，纖悉周密。嘗置二簿識民善惡，以行勸懲。又置通關勘合簿，防出納奸僞。置綱運簿，防運夫侵盜。置館夫簿，防非理需求。興利除害，不遺餘力。鋤豪強，植良善，民奉之若神。先是，中使織造採辦及購花木禽鳥者踵至。郡佐以下，動遭笞縛。而衞所將卒，時凌虐小民。鍾在，斂跡不敢肆。雖上官及他省吏過其地者，咸心憚之。

鍾雖起刀筆，然重學校，禮文儒，單門寒士多見振贍。有鄒亮者，獻詩於鍾。鍾欲薦之，或爲匿名書毀亮。鍾曰「是欲我速成亮名耳」，立奏之朝。召授吏、刑二部司務。遷御史。

初，鍾爲吏時，吳江平思忠亦以吏起家，爲吏部司務，遇鍾有恩。至是鍾數延見，執禮甚恭，且令二子給侍，曰：「非無僕隸，欲籍是報公耳。」思忠家素貧，未嘗緣故誼有所干。人兩賢之。

鍾嘗丁母憂，郡民詣闕乞留。詔起復。正統六年，秩滿當遷，部民二萬餘人，走訴巡按御史張文昌，乞再任。詔進正三品俸，仍視府事。明年十二月卒於官。吏民聚哭，爲立祠。鍾剛正廉潔，孜孜愛民，前後守蘇者莫能及。鍾之後李從智、朱勝相繼知蘇州，咸奉敕從事，然敕書委寄不如鍾矣。

李從智，宜賓人。

朱勝，金華人。勝廉靜精敏，下不能欺。嘗曰：「吏貪，吾不多受牒。隸貪，吾不行杖。獄卒貪，吾不繫囚。」由是公庭清肅，民安而化之。居七年，超遷江南左布政使。

初，與鍾同薦者，戶部郎中羅以禮知西安，兵部郎中趙豫知松江，工部郎中莫愚知常州，戶部員外郎邵旻知武昌，刑部員外郎馬儀知杭州，陳本深知吉安，御史陳鼎知建昌，何文淵知溫州，皆賜敕乘傳行。

陳本深，字有源，鄞人。永樂初，由鄉舉入國子監。授刑部主事。善發奸。畿內盜殺人，亡匿，有司繫無辜十八人於獄。本深以計獲盜，十八人皆免。遷員外郎。與況鍾等同受敕爲知府，本深知吉安。吉安多豪强，好訐訟。巨猾彭摶等十九人橫閭里，本深遣人與相結。爲具召與飲，伏壯士後堂，拉殺之，皆曳其屍以出，一府大驚。樂安大盜曾子良據大盤山，衆萬餘。本深設伏大破之，斬子良。

本深爲政舉大綱，不屑苛細。大猾既殲，府中無事。晨起，鼓而升堂，吏無所白，輒鼓而休。間有所訟，呼至榻前，析曲直遣之，亦不受狀。有抑不伸者，雖三尺童子，皆得往白。久之，民恥爭訟。尤折節士人，飭治學宮，奏新先儒歐陽修、周必大、楊邦乂、胡銓、楊萬里、文天祥祠廟。正統六年，滿九載當遷，郡人乞留，詔予正三品俸。廨前民嫁女，本深聞鼓樂聲，笑曰：「吾來時，乳下兒也。今且嫁，我尙留此耶？」遂請老。前後守吉安十八年，既去，郡人肖像祀之。

羅以禮，桂陽人。永樂十三年進士。由郎中知西安府。遭喪，補紹興。再以喪去。代者不稱職，部民追思，乞以禮於朝。詔起復視事。歲滿，進秩復任。已，移知建昌。所至皆有惠愛。歷三郡，凡二十七年，乃致仕。

莫愚，臨桂人。由鄉舉，以郎中出知常州。奏請減宜興歲進茶數，禁公差官淩虐有司，嚴核上官薦劾之實。皆報可。郡民陳思保年十二，世業漁。其父兄行劫，思保在舟中，有司以爲從論，當斬。愚疏言：「小兒依其父兄，非爲從比。令全家舟居，將舉家坐耶？」宣宗命釋之，謂廷臣曰：「爲守能言此，可謂有仁心矣。」正統六年秩滿，郡民乞留，巡撫周忱以聞。詔進二階復任。

與愚同時爲同知者，潞城趙泰，字熙和。由鄉舉入國子監。歷事都察院，授常州同知。濬孟瀆、得勝二河，作魏村閘。周忱、況鍾議減蘇州重糧，泰亦檢常州官田租，請並減之。遷工部郎中，命塞東昌決河。忱薦爲協同都運，益勤其職。亡何，疾卒。

彭勖，字祖期，永豐人。七歲，入佛寺不拜。僧强之，叱曰：「彼不衣冠而袒跣，何拜爲！」

永樂十三年舉進士。親老，乞近地以養，除南雄府教授。學舍後有祠，數現光怪。學官弟子率禱祀，勖撤而焚之。滿考，補建寧教授。副使王增有疾，醫者許宗道誣諸生游亨魘魅，以舍旁童五郎祠爲徵。增怒，置亨家七人重罪，下近祠居民獄四百家。勖抗論游氏非巫者，五郎非邪神，初捐地築城人也，事載郡志中。增愕，索圖經證之，大慚悔，事得解。建寧朱子故宅，有祠無祭。勖疏請春秋祭，蠲子孫徭。又創尊賢堂，祀胡安國、蔡沈、眞德秀。諸生翕然嚮學。

正統元年，以楊士奇薦，召授御史。時初設提學官，命督南畿學校。詳立教條，士風大振。疏言：「國朝祠祭，載在禮官。修齋起梁武帝，設醮起宋徽宗，宜一切除之。禁立庵院，罷給僧尼度牒。」又言：「眞定、保定、山東民逃鳳陽、潁州以萬計，皆守令匿災暴斂所致，乞厚軫恤。守令課績，宜以戶口增耗爲殿最。」又請設南京諸衞武學。皆報可。所至葺治先賢墳祠。母憂歸，以孫鼎代。勔起復，改吏部考功郎中，出爲山東副使。土木之變，數言兵事。以直不容於時，致仕歸。

孫鼎，字宜鉉，廬陵人。永樂間舉人。歷松江教授。正統八年，楊溥薦爲御史，董南畿學政。置本源錄，錄諸生善行。行部不令人知，單輿猝至。諸生謁，輒閉門試之，卽日定甲乙。諸生試歸，榜已揭通衢，請託者無所措手。通州旱饑，奏蠲糧三千四百餘石。英宗北狩，鼎試罷，謂諸生曰：「故事當簪花宴，今臣子枕戈之秋，不敢陷諸君不義。」設茗飲，步送諸門。既而詣闕上書，請隨所用效死。不報。未幾，以親老致仕。知府張瑄疏言：「鼎孝追曾、閔，學繼朱、程，宜起居論思之職。」帝不允。天順元年卒於家。

夏時，字以正，錢塘人。永樂十六年進士。授戶科給事中。洪熙元年議改鈔法。時力言其擾市肆，無裨國用，疏留中。鈔果大沮，民多犯禁，議竟寢。帝思時言，命侍皇太子祀孝陵，所過有災傷，輒白太子，發粟以振。留署南京戶科。宣德初，一日三上封事。稱旨，命署尙寶司，兼理吏、禮、兵、刑四科，視七篆，無留事。命覈後湖黃册，陳便宜十四事。邳、徐、濟寧、臨淸、武淸旱，以時請，遣官振之。尋擢江西僉事。

正統三年奏：「今守令多刻刑無辜，傷和干紀。乞令御史、按察司官遍閱罪囚，釋寃滯，逮按枉法官吏。」從之。遷參議。七年奏恤民六事，多議行。十二年以大臣薦，超擢廣西左布政使。前後所上又十餘疏，雖不盡用，天下壯其敢言。年未七十，致仕歸，卒。其爲僉事時，進知州柯暹所撰敎民條約及均徭册式，刊爲令，人皆便之。

時爲人廉潔好義。親歿，廬墓有異徵。歿而鄉人祀之，名其祠曰「孝廉」。

黃潤玉，字孟淸，鄞人。五歲，侍母疾，夜不就寢。十歲，道見遺金不拾。永樂初，徙南方富民實北京，潤玉請代父行，官少之。對曰：「父去，日益老，兒去，日益長。」官異其言，許之。

十八年舉順天鄉試。授建昌府學訓導。父喪除，改官南昌。宣德中，用薦擢交阯道御史。出按湖廣，斥兩司以下不職者至百有二十人。正統初，詔推舉提學官。以楊士奇薦，擢廣西僉事，提督學政。時寇起軍興，有都指揮妄掠子女萬餘口，潤玉劾而歸之。副使李立入民死罪至數百人，亦爲辨釋。南丹衞處萬山中，戍卒冒瘴多死，爲奏徙夷曠地。母憂歸，起官湖廣。論罷巡撫李實親故二人。實憤，奏潤玉不諳刑律，坐謫含山知縣。以年老歸。歸二十年，年八十有九卒。學者稱南山先生。

楊瓚，蠡縣人。永樂末進士。知趙城縣，課績爲山西最，超擢鳳陽知府。正統十年大計天下羣吏，始命舉治行卓異者，瓚及王懋、葉錫、趙亮等與焉。鳳陽帝鄉，勛臣及諸將子孫多犯令。瓚請立戶稽出入，由是始遵約束。瓚言民間子弟可造者多，請增廣生員毋限額。禮部採瓚言，考取附學。天下學校之有附學生，由瓚議始。

擢浙江右布政使。與鎮守侍郎孫原貞共平陶得二之亂。景泰二年，瓚以湖州諸府官田賦重，請均之民田賦輕者，而嚴禁詭寄之弊。詔與原貞督之，田賦稱平。久之，卒官。

王懋，修武人。永樂末進士，爲海豐知縣。後超擢西安知府，亦有聲。

葉錫，永嘉人。宣德五年進士。爲吳縣知縣，舉卓異遷。奸民訐於朝，將逮繫，吳人羣詣闕頌錫，乃令視事如故，抵誣者罪。尋擢寧國知府。而趙亮爲慶雲典史，亦在舉中，同被宴賚。時人以爲榮。秩滿，擢知本縣。

劉實，字嘉秀，安福人。宣德五年舉進士。居三年，選庶吉士。正統初，授金華府通判。仍歲荒旱，請蠲租，且贖還饑民子女。義門鄭氏族大，不能自給，又買馬出丁，供山西郵傳，困甚，亦以實言獲免。母喪歸，廬墓三載，起順天府治中。景泰時，侍臣薦其文學。召修宋元通鑑綱目。實爲人耿介，意所不可，雖達官貴人不稍遜。然頗自是。見同曹所纂不當，輒大笑，聲徹廷陛，人亦以此忌之。天順初，還原任。四年擢知南雄府。商稅巨萬，舊皆入守橐，實無所私。中官至南雄，入譖言，府僚參謁，留實折辱之，民競前擁之出。中官慚，將召謝之，實不往。中官去，至韶州，聞韶人言南雄守且訟於朝矣，懼，馳奏，誣實毀敕，大不敬，逮下詔獄。實從獄中上書言：「臣宦三十年，未嘗以妻子自隨，食麤衣敝，爲國家愛養小民，不忍困之，以是忤朝使。」帝覽書，意稍解，且釋之，而實竟瘐死。

實苦節自持。政務紛遝，未嘗廢書，士大夫重其學行。其歿也，南雄人哀而祠之。孫丙，自有傳。

陳選，字士賢，臨海人。父員韜，宣德五年進士。爲御史，出按四川，黜貪獎廉，雪死囚四十餘人。正統末，大軍征鄧茂七，往撫其民，釋被誣爲賊者千餘家。都指揮蔣貴要所部賄，都督范雄病不能治軍，皆劾罷之。歷廣東右參政，福建右布政使。廣東值黃蕭養亂後，而福建亦寇盜甫息，員韜所至，拊循教養，得士民心。

選自幼端慤寡言笑，以聖賢自期。天順四年會試第一，成進士。授御史，巡按江西，盡黜貪殘吏。時人語曰：「前有韓雍，後有陳選。」廣寇流入贛州，奏聞，不待報，遣兵平之。

憲宗卽位，嘗劾尚書馬昂、侍郎吳復、鴻臚卿齊政，救修撰羅倫，學士倪謙、錢溥。言雖不盡行，一時憚其風采。已，督學南畿，頒冠、婚、祭、射儀於學宮，令諸生以時肄之。作小學集註以教諸生。按部常止宿學宮，夜巡兩廡，察諸生誦讀。除試牘糊名之陋，曰：「己不自信，何以信於人？」

成化六年遷河南副使。尋改督學政，立教如南畿。汪直出巡，都御史以下皆拜謁，選獨長揖。直問何官，選曰：「提學副使。」直曰：「大於都御史耶？」選曰：「提學何可比都御史，但忝人師，不敢自詘辱。」選詞氣嚴正，而諸生亦羣集署外。直氣懾，好語遣之。久之，進按察使。決遣輕繫數百人，重囚多所平反，囹圄爲空。治尙簡易，獨於贓吏無所假。然受賂百金以上者，坐六七鍰而止。或問之，曰：「奸人惜財亦惜命，若盡挈所賂以貸要人，即法撓矣。」歷廣東左、右布政使。肇慶大水，不待報，輒發粟振之。

二十一年詔減省貢獻，而市舶中官韋眷奏乞均徭戶六十人添辦方物。選持詔書爭，帝命與其半，眷由是怒選。番人馬力麻詭稱蘇門答剌使臣欲入貢，私市易。眷利其厚賄，將許之，選立逐之去。撒馬兒罕使者自甘肅貢獅子，將取道廣東浮海歸，云欲往滿喇加更市以進。選疏言不可許，恐遺笑外番，輕中國。帝納其言，而眷憾選甚。

先是，番禺知縣高瑤沒眷通番貲鉅萬，選移檄奬之，且聞於朝。至是眷誣奏選、瑤朋比爲貪墨。詔遣刑部員外郎李行會巡按御史徐同愛訊之。選有所黜吏張褧，眷意其怨選，引令誣証選。褧堅不從，執褧拷掠無異辭。行、同愛畏眷，竟坐選如眷奏，與瑤俱被徵。士民數萬號泣遮留，使者辟除乃得出。至南昌，病作。行阻其醫藥，竟卒。年五十八。

編修張元禎爲選治喪，殮之。槊聞選死，哀悼，乃上書曰：

臣聞口能鑠金，毀足銷骨。竊見故罪人選，抱孤忠，孑處羣邪之中，獨立衆憎之地。太監眷通番敗露，知縣瑤按法持之。選移文獎厲，以激貪懦，固賢監司事也。都御史宋旻及同愛怯勢養奸，致眷橫行胸臆，穢衊清流。勘官行頤指鍛煉，竟無左証。臣本小吏，詿誤觸法，被選黜罷，實臣自取。眷意臣憾選，厚賂啗臣，臣雖胥役，敢昧素心。眷知臣不可誘，嗾行等逮臣致理，拷掠彌月。臣忍死籲天，終無異口。行等乃依傍眷語，文致其詞，劾選勘災不實，擅便發倉，曲庇屬官，意圖報謝。必如所云，是毀共姜爲夏姬，詬伯夷爲莊蹻也。

頃年嶺外地震水溢，漂民廬舍，屬郡交牒報災，老弱引領待哺，而撫、按、藩臬若罔聞知。選獨抱隱憂，食不下咽。謂展轉行勘，則民命垂絕，所以便宜議振，志在救民，非有他也。選故剛正，不堪屈辱，憤懣旬日，嬰疾而殂。行幸其殞身，阻其醫療。訖命之日，密走報眷，小人佞毒，一至於此！臣擯黜罪人，秉耒田野，百無所圖，誠痛忠良銜屈，而爲聖朝累也。

不報。

員韜父子皆持操甚潔。而員韜量能容物，選務克己，因自號克菴，遇物亦稍峻。人謂員韜德性，四時皆備，選得其秋焉。嘗割田百四十畝贍其族人，暨卒，族人以選子戴貧還之，戴不可而止。弘治初，主事林沂疏雪選冤，詔復官禮葬。正德中，追贈光祿卿，謚忠愍。

夏寅，字正夫，松江華亭人。正統十三年舉進士。授南京吏部主事。力學，爲文以宏奧稱。進郎中。

成化元年考滿入都，上言：「徐州旱澇，民不聊生，饑餒切身，必爲盜賊，乞特遣大臣鎭撫，蠲租發廩。沿途貢船，丁夫不足，役及老稚。而所載官物僅一箱，餘皆私齎，乞嚴禁絕。淮、徐、濟寧軍士，赴京操練，然其地實南北要衝，宜各設文武官鎭守，訓兵屯田，常使兩京聲勢聯絡，倉猝可以制變。」章下所司行之，唯不設文武官。

遷江西副使，提督學校。其教務先德行。進浙江右參政。處州民苦虐政，走山谷。寅檄招之，衆皆解散。久之，進山東右布政使。弘治初，致仕歸。

寅淸直無黨援。嘗語人曰：「君子有三惜。此生不學，一可惜。此日閑過，二可惜。此身一敗，三可惜。」世傳爲名言。

陳壯，字直夫，〔一〕其先浙江山陰人。祖坐事謫戍交阯，後調京衞，遂家焉。壯舉天順八年進士，授南京御史。編修章懋等建言得罪，抗疏救之。帝遣中官采花木，復疏諫。尚書陳翌請以馬豆代百官俸，壯言飼馬之物，不可養士大夫。事乃寢。壯家素窶，常祿外一無所取。父母歿，廬墓側，居喪一循古禮。歷江西僉事，致仕歸。家居十餘年，弘治中，以尚書張悅薦，起官福建。居二年，又乞致仕。時倪岳爲吏部，素賢之，擢河南副使。歲荒振饑，民懷其惠。僉都御史林俊謝病，舉以自代。未及遷，而壯又乞致仕。巡撫孫需奏留之。又二年，竟致仕去。

張昺，字仲明，慈谿人，都御史楷孫也。舉成化八年進士，授鉛山知縣。性剛明，善治獄。有嫁女者，及壻門而失女，互以訟於官，不能決。昺行邑界，見大樹妨稼，欲伐之。民言樹有神巢其巓。昺不聽，率衆往伐。有衣冠三人拜道左。昺叱之，忽不見。比伐樹，血流出樹間。昺怒手斧之，卒仆其樹。巢中墮二婦人，言狂風吹至樓上。其一即前所嫁女也。有巫能隱形，淫人婦女。昺執巫痛杖之，無所苦。已，並巫失去。昺馳縛以歸，印巫背鞭之，立死。乃盡毀諸淫祠。寡婦惟一子，爲虎所噬，訴於昺。昺與婦期五日，乃齋戒祀城隍神。及期，二虎伏庭下，昺叱曰：「孰傷吾民，法當死。無罪者去。」一虎起，斂尾去。一虎伏不動，昺射殺之，以畀節婦，一縣稱神。鉛山俗，婦人夫死輒嫁；有病未死，先受聘供湯藥者。昺欲變其俗，令寡婦皆具牒受判。署二木。曰「羞」，嫁者跪之。曰「節」，不嫁者跪之。民傅四妻祝誓死守，舅姑紿令跪「羞」木下，昺判從之，祝投後園池中死。邑大旱，昺夢婦人泣拜，覺而識其里居姓氏，往詰其狀。及啓土，貌如生。昺哭之慟曰：「殺婦者，吾也。」爲文以祭，改葬焉，天遂大雨。諸異政多類此。

擢南京御史。弘治元年七月偕同官上言：「邇臺諫交章論事矣，而扈蹕糾儀者不免錦衣捶楚之辱，是言路將塞之漸也。經筵既舉矣，而封章累進，卒不能回寒暑停免之說，是聖學將怠之漸也。內侍雖斥梁芳，而賜祭仍及便辟，是復啓寵倖之漸也。外戚雖罪萬喜，而莊田又賜皇親，是驕縱姻婭之漸也。左道雖斥，而符書尙揭於官禁，番僧旋復於京師，是異端復興之漸也。傳奉雖革，而千戶復除張質，通政不去張苗，是傳奉復啓之漸也。織造停矣，仍聞有蟒衣牛斗之織，淫巧其漸作乎？寶石廢矣，又聞有戚里不時之賜，珍玩其漸崇乎？詩云『靡不有初，鮮克有終』，願陛下以爲戒。」帝嘉納之。

先是，昺以雷震孝陵柏樹，與同官劾大學士劉吉等十餘人，給事中周紘亦與同官劾吉，吉銜之。其冬，昺、紘奉命閱軍，軍多缺伍，兩人欲劾奏守備中官蔣琮，琮先事劾兩人。章下內閣，吉修隙，擬黜之外。尙書王恕抗章曰：「不治失伍之罪，而罪執法之臣，何以服天下！」再疏爭，言官亦論救。乃調昺南京通政司經歷，紘南京光祿寺署丞。

久之，昺用薦遷四川僉事。富豪殺人，屢以賄免。御史檄昺治，果得其情。尋進副使。守備中官某將進術士周慧於朝，昺擒慧，論徙之極邊。歲餘，引疾歸。環堵蕭然，擁經史自娛。都御史王璟以振荒至，餽昺百金。堅拒不得，授下戶饑民粟以答其意。知縣丁洪，昺令鉛山所取士也，旦夕候起居，爲具蔬食。昺曰：「吾誠不自給，奈何以此煩令君。」卒弗受。炊烟屢絕，處之澹如。及卒，含斂不具，洪爲經紀其喪。

宋端儀，字孔時，莆田人。成化十七年進士。官禮部主事。雲南缺提學官，部議屬端儀，吏先期洩之。端儀曰：「啓事未登，已喧衆口，人其謂我干乞乎！」力辭之。已，進主客員外郎，貢使以贄見，悉卻不納。

初在國學，爲祭酒丘濬所知。及濬柄政，未嘗一造其門。廣東提學缺，部以端儀名上，濬竟沮之。濬卒，始以按察僉事督廣東學校。卒官。

端儀慨建文朝忠臣湮沒，乃搜輯遺事，爲革除錄。建文忠臣之有錄，自端儀始也。

贊曰：明初重監司守牧之任。尙書有出爲布政使，而侍郎爲參政者，監司之入爲卿貳者，比比也。守牧稱職，增秩或至二品。天順而後，巡撫之寄專，而監司守牧不得自展布，重內輕外之勢成矣。夫賦政於外，於民最親。李昌祺、陳本深之屬，靜以愛民，況鍾、張昺能於其職。所謂承宣德化，爲天子分憂者，非耶？周新、陳選，冤死爲可哀。讀張褧書，又以見公正之服人者至，而直道之終不泯也。

校勘記

〔一〕陳壯字直夫　直夫，原作「直大」，據明史稿傳四六陳壯傳、國朝獻徵錄卷九二陳公壯傳改。

明史卷一百六十二

列傳第五十

尹昌隆 耿通 陳諤 戴綸 林長懋 陳祚 郭循 劉球 子鉞 釪

陳鑑 何觀 鍾同 孟玘 楊集 章綸 子玄應 廖莊

倪敬 盛昶等 楊瑄 子源 盛顒等

尹昌隆，字彥謙，泰和人。洪武中進士及第。授修撰，改監察御史。

惠帝初卽位，視朝晏。昌隆疏諫曰：「高皇帝雞鳴而起，昧爽而朝，未日出而臨百官，故能庶績咸熙，天下乂安。陛下嗣守大業，宜追繩祖武，兢兢業業，憂勤萬幾。今乃卽於晏安，日上數刻，猶未臨朝。羣臣宿衞，疲於伺候，曠職廢業，上下懈弛。播之天下，傳之四裔，非社稷福也。」帝曰：「昌隆言切直，禮部其宣示天下，使知朕過。」未幾，以地震上言，謫福寧知縣。燕兵旣逼，昌隆以北來奏章動引周公輔成王爲詞，勸帝罷兵，許王入朝。設有蹉跌，便舉位讓之。若沈吟不斷，進退失據，將求爲丹徒布衣且不可得。成祖入京師，昌隆名在奸臣中，以前奏貸死，命傅世子於北平。

永樂二年册世子爲皇太子，擢昌隆左春坊左中允。隨事匡諫，太子甚重之。解縉之黜，同日改昌隆禮部主事。尙書呂震方用事，性刻忮。當其獨處精思，以手指刮眉尾，則必有密謀深計，官屬相戒，無敢白事者。昌隆前白事，震怒不應。移時又白之，震愈怒，拂衣起。昌隆退白太子，取令旨行之。震大怒，奏昌隆假托宮僚，陰欲樹結，潛蓄無君心。逮下獄。尋遇赦復官。父憂起復，謁震，震溫言接之。入理前奏，復下錦衣衞獄，籍其家。帝凡巡幸，下詔獄者率輿以從，謂之隨駕重囚，昌隆與焉。

後數年，谷王謀反事發。以王前奏昌隆爲長史，坐以同謀，詔公卿雜問。昌隆辯不已，震折之。獄具，置極刑死，夷其族。後震病且死，號呼「尹相」，言見昌隆守欲殺之云。

耿通，齊東人。洪武中舉於鄉。授襄陽敎授。永樂初，擢刑科給事中，歷左右給事。剛直敢言。嘗劾都御史陳瑛，御史袁綱、覃珩朋比爲蒙蔽，搆陷無辜，綱、珩已下獄，瑛長官，不宜獨宥。又言驍騎諸衞倉壞，工部侍郎陳壽不預修，糧至無所受，多損耗病民；工部尙書宋禮不卹下，匠役滿，不卽遣歸，多至失所。瑛等皆被譴責。當是時，給事中敢言者，通與陳諤，舉朝憚其風采。久之，擢大理寺右丞。

帝北巡，太子監國。漢王高煦謀奪嫡，陰結帝左右爲讒間，宮僚多得罪者。監國所行事，率多更置。通從容諫帝：「太子事無大過誤，可無更也。」數言之。帝不悅。十年秋，有言通受請托故出人罪者。帝震怒，命都察院會文武大臣鞫之午門，曰：「必殺通無赦。」羣臣如旨，當通罪斬。帝曰：「失出，細故耳，通爲東宮關說，壞祖法，離間我父子，不可恕，其置之極刑。」廷臣不敢爭，竟論姦黨，磔死。

陳諤，字克忠，番禺人。永樂中，以鄉舉入太學，授刑科給事中。遇事剛果，彈劾無所避。每奏事，大聲如鐘。帝令餓之數日，奏對如故。曰：「是天性也。」每見，呼爲「大聲秀才」。嘗言事忤旨，命坎瘞奉天門，露其首。七日不死，赦出還職。已，復忤旨，罰修象房。貧不能僱役，躬自操作。適駕至，問爲誰。諤匍匐前，具道所以。帝憐之，命復官。

歷任順天府尹，政尙嚴鷙，執政忌之，出爲湖廣按察使。改山西，坐事落職。仁宗卽位，遇赦當還故官。帝以諤前在湖廣頗撫楚王細故，謫海鹽知縣。遷荊王長史，爲王府所厭苦。宣德三年遷鎭江同知。致仕歸，卒。

戴綸，高密人。永樂中，自昌邑訓導擢禮科給事中，與編修林長懋俱侍皇太孫說書。歷中允、諭德。仁宗卽位，太孫爲太子，遷洗馬，仍侍講讀。始成祖命太孫習武事，太孫亦雅好之，時出騎射。綸與長懋以太孫春秋方富，不宜荒學問而事游畋，時時進諫。綸又具疏爲帝言之。他日，太孫侍，帝問：「宮臣相得者誰也？」太孫以綸對。因出綸奏付之，太孫由此怨綸。

長懋者，莆田人。以鄉薦歷靑州教授，擢編修。仁宗初，進中允。爲人剛嚴，累進直言，與綸善。

宣宗卽位，加恩宮僚，擢綸兵部侍郎。頃之，復以諫獵忤旨，命參贊交阯軍務。而長懋自南京來，後至，亦出爲鬱林知州。無何，坐怨望，並逮至京，下錦衣衞獄。帝臨鞫之，綸抗辯，觸帝怒，立箠死，籍其家。諸父河南知府賢、太僕寺卿希文皆被繫。

而長懋在獄十年，英宗立，乃得釋。復其官，還守鬱林，有惠政。其卒也，州人立廟祀之。

陳祚，字永錫，吳人。永樂中進士。擢河南參議。十五年與布政使周文褒、王文振合疏言建都北京非便，並謫均州太和山佃戶。躬耕力作，處之晏然。仁宗立，詔選用遷謫諸臣，祚在選中。會帝崩，不果用。

宣德二年命憲臣卽均州羣試之，祚策第一。試吏部，復第一。遂擢御史，巡按福建。方面大吏多被彈擊，禁止和買，閩人德之。還奏白塔河上通邵伯湖，下注大江，蘇、松舟楫，多從往來，淺狹湮塞，請開濬。從之，轉漕果便。尋出按江西。

時天下承平，帝頗事遊獵玩好。祚馳疏勸勤聖學。其略曰：「帝王之學先明理，明理在讀書。陛下雖有聖德，而經筵未甚興舉，講學未有程度，聖賢精微，古今治亂，豈能周知洞晰。眞德秀大學衍義一書，聖賢格言，無不畢載。願於聽政之暇，命儒臣講說，非有大故，無得間斷。使知古今若何而治，政事若何而得，必能開廣聰明，增光德業，而邪佞之以奇巧蕩聖心者自見疎遠，天下人民受福無窮矣。」帝見疏大怒曰：「豎儒謂朕未讀大學耶！薄朕至此，不可不誅。」學士陳循頓首曰：「俗士處遠，不知上無書不讀也。」帝意稍解。下祚獄，逮其家人十餘口，隔別禁繫者五年，其父竟瘐死。其時，刑部主事郭循諫拓西內皇城修離宮，逮入面詰之。循抗辯不屈，亦下獄。英宗立，祚與循皆得釋復官。

祚再按湖廣。以奏遼王貴烚罪有所隱，與巡撫侍郎吳政逮至京，下獄。尋赦出。時王振用事，法務嚴峻，祚上言：「乃者法司論獄，多違定律。如侍郎吳璽誤舉主事吳軏，宜坐貢舉非其人律，乃坐以奏事有規避律斬。及軏自經死，獄官獄卒罪應遞減，乃援不應爲重罪，概杖之。一事如此，餘可推矣。天時不順，災沴數見，未必非此。」帝是之，以其章示法司。尋改南京，遷福建按察使僉事。有威惠，神祠不載祀典者悉撤去。久之，以疾歸，卒。

祚天資嚴毅，雖子弟罕接其言笑，獨重里人邢量。量博學士，隱於卜，敝屋數椽，或竟日不舉火。祚數挾册就質疑，往往至暮。

郭循，字循初，廬陵人。居官有才譽。既復職，進郎中，以尙書魏源薦，擢廣東參政，有剿寇功。景泰初卒。

劉球，字廷振，安福人。永樂十九年進士。家居讀書十年，從學者甚衆。授禮部主事。胡濙薦侍經筵，與修宣宗實錄，改翰林侍講。從弟玭知莆田，遺一夏布。球封還，貽書戒之。

正統六年，帝以王振言，大舉征麓川。球上疏曰：

帝王之馭四裔，必宥其小而防其大，所以適緩急之宜，爲天下久安計也。周伐崇不克，退修德敎以待其降。至於玁狁，則命南仲城朔方以備之。漢征南越不利，卽罷兵賜書通好。至於匈奴，雖已和親，猶募民徙居塞下，入粟實邊，復命魏尙守雲中拒之。

今麓川殘寇思任發素本羈屬，以邊將失馭，致勤大兵。雖渠魁未殲，亦多戮羣醜，爲誅爲舍，無繫輕重。璽書原其罪釁，使得自新，甚盛德也。邊將不達聖意，復議大舉，欲屯十二萬衆於雲南，以趣其降，不降則攻之。不慮王師不可輕出，蠻性不可驟馴，地險不可用衆，客兵不可久淹。況南方水旱相仍，軍民交困，若復動衆，紛擾爲憂。臣竊謂宜緩天誅，如周、漢之於崇、越也。

至於瓦剌，終爲邊患。及其未卽騷動，正宜以時防禦。迺欲移甘肅守將以事南征，卒然有警，何以爲禦？臣竊以爲宜愼防遏，如周、漢之於玁狁、匈奴也。

伏望陛下罷大舉之議，推選智謀將帥，輔以才識大臣，量調官軍，分屯金齒諸要害，結木邦諸蠻以爲援，乘間進攻，因便撫諭，寇自可服。至於西北障塞，當敕邊臣巡視，濬築溝垣，增繕城堡，勤訓練，嚴守望，以防不虞，有備無患之道也。

章下兵部。謂南征已有成命，不用球言。

八年五月雷震奉天殿。球應詔上言所宜先者十事。其略曰：

古聖王不作無益，故心正而天不違之。臣願皇上勤御經筵，數進儒臣，講求至道，務使學問功至，理欲判然，則聖心正而天心自順。夫政由己出，則權不下移。太祖、太宗日視三朝，時召大臣於便殿裁決庶政，權歸總於上。皇上臨御九年，事體日熟，願守二聖成規，復親決故事，使權歸於一。

古之擇大臣者，必詢諸左右、大夫、國人。及其有犯，雖至大辟亦不加刑，第賜之死。今用大臣未嘗皆出公論，及有小失，輒桎梏箠楚之。然未幾時，又復其職，甚非所以待大臣也。自今擇任大臣，宜允愜衆論。小犯則置之。果不可容，下法司定罪，使自爲計。勿輒繫，庶不乖共天職之意。

今之太常，卽古之秩宗，必得淸愼習禮之臣，然後可交神明。今卿貳皆缺，宜選擇儒臣，使領其職。

古者省方巡狩，所以察吏得失，問民疾苦。兩漢、唐、宋盛時，數遣使巡行郡縣，洪、永間亦嘗行之。今久不舉，故吏多貪虐，民不聊生，而軍衞尤甚。宜擇公明廉幹之臣，分行天下。

古人君不親刑獄，必付理官，蓋恐徇喜怒而有所輕重也。邇法司所上獄，多奉敕增減輕重，法司不能執奏，及訊他囚，又觀望以爲輕重，民用多冤，宜使各舉其職。至運磚輸米諸例，均非古法，尤宜罷之。

春秋營築悉書，戒勞民也。京師興作五六年矣，曰不煩民而役軍，軍獨非國家赤子乎？況營作多完，宜罷工以蘇其力。

各處水旱，有司旣不振救，請減租稅，或亦徒事虛文。宜令戶部以時振濟，量加減免，使不致失業。

麓川連年用兵，死者十七八，軍貲爵賞不可勝計。今又遣蔣貴遠征緬甸，責獻思任發。果擒以歸，不過梟諸通衢而已。緬將挾以爲功，必求與木邦共分其地。不與則致怒，與之則兩蠻坐大，是滅一麓川生二麓川也。設有蹉跎，兵事無已。臣見皇上每錄重囚，多宥令從軍，仁心若此。今欲生得一失地之竄寇，而驅數萬無罪之衆以就死地，豈不有乖於好生之仁哉。況思機發已嘗遣人來貢，非無悔過乞免之意。若赦緬斬任發首來獻，仍赦思機發盡削四境之地，分於各寨新附之蠻，則一方可寧矣。

迤北貢使日增，包藏禍心，誠爲難測。宜分遣給事、御史閱視京邊官軍，及時訓練，勿使借工各廠，服役私家。公武舉之選以求良將，定召募之法以來武勇，廣屯田，公鹽法，以厚儲蓄，庶武備無缺，而外患有防。

祀事。

疏入，下廷議。言球所奏，惟擇太常官宜從，令吏部推舉。修撰董璘遂乞改官太常，奉享

初，球言麓川事，振固已銜之。欽天監正彭德清者，球鄉人也，素爲振腹心。凡天文有變，皆匿不奏，倚振勢爲姦，公卿多趨謁，球絕不與通。德清恨之，遂摘疏中攬權語，謂振曰：「此指公耳。」振益大怒。會璘疏上，振遂指球同謀，並逮下詔獄，屬指揮馬順殺球。順深夜攜一小校持刀至球所。球方臥，起立，大呼太祖、太宗。頸斷，體猶植。遂支解之，瘞獄戶下。璘從旁竊血裙遺球家。後其子鉞求得一臂，裹裙以殮。順有子病久，忽起捽順髮，拳且蹴之曰：「老賊，令爾他日禍逾我！我，劉球也。」順驚悸。俄而子死，小校亦死。璘，字德文，高郵人。有孝行。獄解，遂歸，不復出。

球死數年，瓦剌果入寇。英宗北狩，振被殺。朝士立擊順，斃之。而德清自土木遁還，下獄論斬，尋瘐死。詔戮其屍。景帝憐球忠，贈翰林學士，諡忠愍，立祠於鄉。

球二子，長鉞、次釪。皆篤學，躬耕養母。球既得卹，兄弟乃出應舉，先後成進士。鉞，廣東參政；釪，雲南按察使。

陳鑑，字貞明，高安人。宣德二年進士。授行人。正統中，擢御史。出按順天。言京師風俗澆漓，其故有五：一，事佛過甚；二，營喪破家；三，服食靡麗；四，優倡爲蠹；五，博塞成風。章下禮部，格不行。

改按貴州。時麓川會思任發子思機發逋孟養，屢上書求宥罪通貢。不許，復大舉遠征，兵連不解，雲、貴軍民疲敝。苗乘機煽動，閩、浙間盜賊大起。舉朝皆知其不可，懲劉球禍，無敢諫者。十四年正月，鑑抗疏言賊會遠遁，不爲邊患，宜專責雲南守臣相機剿滅，無遠勞禁旅。王振怒，欲困之，改鑑雲南參議，使赴騰衝招賊。已，復摭鑑爲巡按時嘗請改四川播州宣慰司隸貴州，爲鑑罪，令兵部劾之，論死繫獄。景帝嗣位，乃得赦。尋授河南參議。致仕歸，卒。

自正統中，劉球以忤王振冤死，鑑繼下獄，中外莫敢言事者數年。至景帝時，言路始開，爭發憤上書。有何觀者，復以言得罪去。

觀以善書爲中書舍人。景泰二年劾尚書王直輩正統時阿附權奸，不宜在左右。中貴見權奸語，以爲侵己，激帝怒，下科道參議。吏科毛玉主奏稿，力詆觀，林聰、葉盛持之，乃删削奏上。會御史疏亦上，中有「觀考滿不遷，私憾吏部」語。帝怒，下觀詔獄，杖之，謫九溪衞經歷。

鍾同，字世京，吉安永豐人。父復，宣德中進士及第。歷官修撰，與劉球善。球上封事，約與俱，復妻勸止之。球詣復邸，邀偕行。復已他往，妻從屏間詈曰：「汝自上疏，何累他人爲！」球出歎曰：「彼乃謀及婦人。」遂獨上奏，竟死。居無何，復亦病死。妻深悔之，每哭輒曰：「早知爾，曷若與劉君偕死。」同幼聞母言，卽感奮，思成父志。嘗入吉安忠節祠，見所祀歐陽修、楊邦乂諸人，歎曰：「死不入此，非夫也。」

景泰二年舉進士，明年授御史。懷獻太子旣薨，中外望復沂王於東宮。同與郎中章綸早朝，語及沂王，皆泣下，因與約疏請復儲。五年五月，同因上疏論時政，遂及復儲事，其略曰：

近得賊諜，言也先使偵京師及臨清虛實，期初秋大舉深入，直下河南。臣聞之不勝寒心，而廟堂大臣皆恬不介意。昔秦伐趙，諸侯自若，孔子順獨憂之，人皆以爲狂。臣今者之言，何以異此。臣草茅時，聞寺人搆惡，戕戮直臣劉球，遂致廷臣箝口。假使當時犯顏有人，必能諫止上皇之行，何至有蒙塵之禍。

陛下赫然中興，鋤奸黨，旌忠直，命六師禦敵於郊，不戰而三軍之氣自倍。臣謂陛下方且鞭撻四裔，坐致太平，奈何邊氛甫息，瘡痍未復，而侈心遽生，失天下望。伏願取鑒前車，厚自奮厲。毋徇貨色，毋甘嬉遊。親庶政以總威權，敦倫理以厚風俗，辨邪正以專委任，嚴賞罰以彰善惡，崇風憲以正紀綱。去浮費，罷冗員，禁僧道之蠹民，擇賢將以訓士。然後親率羣臣，謝過郊廟，如成湯之六事自責，唐太宗之十漸即改，庶幾天意可回，國勢可振。

又言：

父有天下，固當傳之於子。乃者太子薨逝，足知天命有在。臣竊以爲上皇之子，即陛下之子。沂王天資厚重，足令宗社有託。伏望擴天地之量，敦友于之仁，蠲吉具儀，建復儲位，實祖宗無疆之休。

又言：

陛下命將帥各陳方略，經旬踰時，互相委責。及石亨、柳溥有言，又不過庸人孺子之計。平時尙爾，一旦有急，將何策制之？夫禦敵之方，莫先用賢。陛下求賢若渴，而大臣之排抑尤甚，所舉者率多親舊富厚之家。即長材屈抑，孰肯爲言。朝臣欺謾若此，臣所以撫膺流涕，爲今日妨賢病國者醜也。

疏入，帝不懌，下廷臣集議。寧陽侯陳懋、吏部尙書王直等請帝納其言，因引罪求罷。帝慰留之。越數日，章綸亦疏言復儲事，遂並下詔獄。明年八月，大理少卿廖莊亦以言沂王事予杖。左右言事由同倡，帝乃封巨梃就獄中杖之，同竟死。時年三十二。

同之上疏也，策馬出，馬伏地不肯起。同叱曰：「吾不畏死，爾奚爲者？」馬猶盤辟再四，乃行。同死，馬長號數聲亦死。

英宗復位，贈同大理左寺丞，錄其子啓爲國子生，尋授咸寧知縣。啓請父遺骸歸葬，詔給舟車路費。成化中，授次子越通政知事，給同妻羅氏月廩。尋賜同諡恭愍，從祀忠節祠，與球聯位，竟如同初志。

方同下獄時，有禮部郎孟玘者，亦疏言復儲事。帝不罪。而進士楊集上書于謙曰：「奸人黃玹獻議易儲，不過爲逃死計耳，公等遽成之。公國家柱石，獨不思所以善後乎？今同等又下獄矣，脫諸人死杖下，而公等坐享崇高，如清議何！」謙以書示王文。文曰：「書生不知忌諱，要爲有膽，當進一官處之。」乃以集知安州。玘，閩人；集，常熟人也。

章綸，字大經，樂清人。正統四年進士。授南京禮部主事。景泰初，召爲儀制郎中。綸見國家多故，每慷慨論事。嘗上太平十六策，反覆萬餘言。也先旣議和，請力圖修攘以待其變。中官興安請帝建大隆福寺成，將臨幸，綸具疏諫。河東鹽運判官濟南楊浩除官未行，亦上章諫。帝卽罷幸。浩後累官副都御史，巡撫延綏。綸又因災異請求致變之由，語頗切至。

五年五月，鍾同上奏請復儲。越二日，綸亦抗疏陳修德弭災十四事。其大者謂：「內官不可干外政，佞臣不可假事權，後宮不可盛聲色。凡陰盛之屬，請悉禁罷。」又言：「孝弟者，百行之本。願退朝後朝謁兩宮皇太后，修問安視膳之儀。上皇君臨天下十有四年，是天下之父也。陛下親受册封，是上皇之臣也。陛下與上皇，雖殊形體，實同一人。伏讀奉迎還宮之詔曰：『禮惟加而無替，義以卑而奉尊。』望陛下允蹈斯言，或朔望，或節旦，率羣臣朝見延和門，以展友于之情，實天下之至願也。更請復汪后於中宮，正天下之母儀；還沂王之儲位，定天下之大本。如此則和氣充溢，災沴自弭。」疏入，帝大怒。時日已暝，宮門閉。乃傳旨自門隙中出，立執綸及鍾同下詔獄。榜掠慘酷，逼引主使及交通南宮狀。瀕死，無一語。會大風揚沙，晝晦，獄得稍緩，令錮之。明年杖廖莊闕下，因封杖就獄中杖綸、同各百。同竟死，綸長繫如故。

英宗復位，郭登言綸與廖莊、林聰、左鼎、倪敬等皆直言忤時，宜加旌擢。帝乃立釋綸。命內侍檢前疏，不得。內侍從旁誦數語，帝嗟歎再三，擢禮部右侍郎。

綸既以大節爲帝所重，而性亢直，不能諧俗。石亨貴倖招公卿飲，綸辭不往，又數與尚書楊善論事不合。亨、善共短綸，乃調南京禮部，就改吏部。

憲宗卽位，有司以遺詔請大婚。綸言：「山陵尚新，元朔未改，百日從吉，心寧自安。陛下踐阼之初，當以孝治天下，三綱五常實原於此。乞俟來春舉行。」議雖不從，天下咸重其言。

成化元年，兩淮饑，奏救荒四事。皆報可。四年秋，子玄應以冒籍舉京闈。給事中朱清、御史楊智等因劾綸，命侍郎葉盛勘之。明年，綸及僉都御史高明考察庶官，兩人議不協。疏既上，綸復獨奏給事中王讓不赴考察，且言明剛愎自用，己言多不見從，乞與明俱罷。章並下盛等。於是讓及下考諸臣連章劾綸。綸亦屢疏求罷。帝不聽。既而盛等勘上玄應實冒籍。帝宥綸，而所奏他事，亦悉不問。未幾，復轉禮部。溫州知府范奎被論調官。綸言：「溫州臣鄉郡，奎大得民心。解官之日，士民三萬人哭泣攀轅，留十八日乃得去。請還之以慰民望。」章下所司，竟報寢。

綸性戇，好直言，不爲當事者所喜。爲侍郎二十年，不得遷，請老去。久之卒。居數年，其妻張氏上其奏稿，且乞恩。帝嘉歎，贈南京禮部尚書，謚恭毅，官一子鴻臚典簿。

玄應後舉進士，爲南京給事中。偕同官論陳鉞罪，忤旨停俸。孝宗嗣位，上治本五事。仕終廣東布政使。

廖莊，字安止，吉水人。宣德五年進士。八年改庶吉士，與知縣孔友諒等七人歷事六科。英宗初，授刑科給事中。正統二年，御史元亮請如詔書蠲邊軍侵沒糧餉，不允。按察使龔鐩亦請如詔書宥盜犯之未獲者，法司亦寢不行。莊以詔書當信，上章爭之。五年詔京官出修荒政，兼徵民逋。莊慮使者督趣困民，請寬災傷州縣，俟秋成，從之。振荒陝西，全活甚衆。還奏寬卹九事，多議行。楊士奇家人犯法，偕同官論列。或曰：「獨不爲楊公地乎？」曰：「正所以爲楊公也。」八年命與御史張驥同署大理寺事。踰月，授左寺丞。

十一年遷南京大理少卿。踰二年，奸人陳玞者，與所親賈福爭襲指揮職。南京刑部侍郎齊韶納玞賄，欲奪福官與之，爲莊所駁。韶捶福至死，被逮，玞亦誣莊，俱徵下詔獄。會韶他罪並發，棄市，莊乃得釋。

景泰五年七月上疏曰：「臣曩在朝，見上皇遣使册封陛下，每遇慶節，必令羣臣朝謁東廡，恩禮隆洽，羣臣皆感歎，謂上皇兄弟友愛如此。今陛下奉天下以事上皇，願時時朝見南宮，或講明家法，或商略治道，歲時令節，俾羣臣朝見，以慰上皇之心，則祖宗在天之神安，天地之心亦安矣。太子者，天下之本。上皇之子，陛下之猶子也。宜令親儒臣，習書策，以待皇嗣之生，使天下臣民曉然知陛下有公天下之心，豈不美歟？蓋天下者，太祖、太宗之天下。仁宗、宣宗繼體守成者，此天下也。上皇北征，亦爲此天下也。今陛下撫而有之，宜念祖宗創業之艱難，思所以係屬天下之人心，卽弭災召祥之道莫過於此。」疏入，不報。明年，莊以母喪，赴京關給勘合，詣東角門朝見。帝憶莊前疏，命廷杖八十，謫定羌驛丞。

天順初，召還。時母喪未終，復遭父喪，特予祭葬，命起復，仍官南京。天順五年就擢禮部右侍郎，改刑部。成化初，召爲刑部左侍郎。逾年卒。贈尚書，謚恭敏。

莊性剛，喜面折人過，而實坦懷無芥蔕。不屑細謹，好存謝賓客爲歡狎。既官法司，或勸稍屛謝往來，遠嫌疑。莊笑曰：「昔人有言『臣門如市，臣心如水』，吾無媿吾心而已。」卒之日，無以爲斂，衆哀錢助其喪。

初，景帝時，英宗在南宮，左右爲離間。及懷獻太子薨，羣小恐沂王復立，讒搆愈甚。故鍾同、章綸與莊相繼力言，皆得罪，然帝頗感悟。六年七月辛巳，刑科給事中徐正請間言事。亟召入，乃言：「上皇臨御歲久，沂王嘗位儲副，天下臣民仰戴。宜遷置所封之地，以絕人望。

別選親王子育之宮中。」帝驚愕，大怒，立叱出之，欲正其罪。慮駭衆，乃命謫遠任，而帝怒未解。已，復得其淫穢事，謫戍鐵嶺衞。蓋帝雖怒同等所言過激，而小人之言亦未遽聽也。迨英宗復辟，于謙、王文以謀立外藩，誅死，其事遂不白云。

倪敬，字汝敬，無錫人。正統十三年進士。擢御史。景泰初，畿輔饑，命出視。請蠲田租，戶部持不可。再疏爭，竟得請。巡按山西。時有入粟補官令，敬奏罷之。戍將侵餉者，悉按治，豪猾斂迹。再按福建。時議將復銀冶，敬未行，抗疏論，得寢。既至，奏罷諸司器物濫取於民者。鎮守內臣戴細保貪橫，敬列其罪以聞。帝召細保還，命敬捕治其黨，吏民相慶。代還，留家四月，逮治，尋復職。

六年七月，以時多災異，偕同官吳江盛昶、江陰杜宥、蕪湖黃讓、安福羅俊、固始汪清上言：「府庫之財，不宜無故而予；遊觀之事，不宜非時而行。曩以齋僧，屢出帑金易米，不知櫛風沐雨之邊卒，趨事急公之貧民，又何以濟之？近聞造龍舟，作燕室，營繕日增，嬉遊不少，非所以養聖躬也。章綸、鍾同直言見忤，幽錮踰年，非所以昭聖德也。願罷桑門之供，輟宴佚之娛，止興作之役，寬直臣之囚。」帝得疏不懌，下之禮部。部臣稱其忠愛。帝報聞，然意終不釋。未幾，詔都御史蕭維禎考察其屬，諭令去之。御史罷黜者十六人，而敬等預焉；皆謫爲典史，敬得廣西宜山。英宗復辟，詔皆授知縣，乃以敬知祥符。安遠侯柳溥器敬，西征，請以自隨，改都督府都事。踰年師還卒。士類惜之。

盛昶等五人，皆進士。昶雋爽負氣。嘗按廣東，劾巡撫侍郎揭稽不職，稽坐左遷。昶後爲羅江知縣，擢敍州知府，並有禦寇功。杜宥爲英德知縣。鄰境多寇，創立縣城。嘗被圍糧盡，宥死守不下。夜縋死士焚其營，賊始驚潰。移韶州通判，謝病歸。黃讓知安岳，遷中府都事。以撻錦衣衞隸，爲門達所譖，戍廣西。赦還，復冠帶。貧甚，課耕自給。羅俊嘗巡按四川，有廉聲。仕終南雄知府。

楊瑄，字廷獻，豐城人。景泰五年進士。授御史。剛直尙氣節。景帝不豫，廷臣請立東宮。帝不允。瑄與同官錢璡、樊英等約疏爭，會「奪門」事起，乃已。

天順初，印馬畿內。至河間，民訴曹吉祥、石亨奪其田。瑄以聞，並列二人怙寵專權狀。帝語大學士李賢、徐有貞曰：「眞御史也。」遂遣官按覈，而命吏部識瑄名，將擢用。吉祥聞之懼，訴於帝，請罪之。不許。

未幾，亨西征還，適彗星見，十三道掌道御史張鵬、盛顒、周斌、費廣、張寬、王鑑、趙文博、彭烈、張奎、李人儀、邵銅、鄭冕、陶復及御史劉泰、魏翰、康驥將劾亨、吉祥諸違法事。先一日，給事中王鉉洩於亨。亨與吉祥泣訴帝，誣鵬等爲已誅內官張永從子，結黨排陷，欲爲永報讐。明日疏入，帝大怒，收鵬及瑄。御文華殿，悉召諸御史，擲彈章，俾自讀。斌且讀且對，神色自若。至冒功濫職，帝詰之曰：「彼帥將士迎駕，朝廷論功行賞，何云冒濫？」斌曰：「當時迎駕止數百人，光祿賜酒饌，名數具在。今超遷至數千人，非冒濫而何？」帝默然，竟下瑄、鵬及諸御史於獄。榜掠備至，詰主使者，瑄等無所引，乃坐都御史耿九疇、羅綺主謀，亦下獄。論瑄、鵬死，餘遣戍。

亨等復譖諸言官。帝諭吏部，給事、御史年踰三十者留之，餘悉調外。尙書王翶列上給事中何玘等十三人，御史吳禎等二十三人。詔以玘等爲州判官，禎等爲知縣。會大風震雷，拔木發屋，須臾大雨雹。亨、吉祥家大木俱折，二人亦懼。掌欽天監禮部侍郎湯序本亨黨，亦言上天示警，宜恤刑獄。於是帝感悟，戍瑄、鵬鐵嶺衞，餘貶知縣，泰、翰、驥三人復職，而玘、禎等亦得無調。瑄、鵬行半道，適承天門災，肆赦放還。或謂當詣亨、吉祥謝，二人卒不往，復謫戍南丹。

憲宗卽位，並還故官。瑄尋遷浙江副使。按行海道，禁將校私縱戍卒。修捍海塘，築海鹽堤岸二千三百丈，民得奠居。爲副使十餘年，政績卓然，進按察使。西湖水舊可溉諸縣田四十六萬頃，時堙塞過半，瑄請浚之。設防置牐，以利灌溉，功未就，卒。海鹽人祠祀之。

子源，字本清，幼習天文，授五官監候。正德元年，劉瑾等亂政，源上言：「自八月初，大角及心宿中星動搖不止。大角，天王之坐，心宿中星，天王正位也，俱宜安靜，今乃動搖。其占曰：『人主不安，國有憂。』意者陛下輕舉逸遊，弋獵無度，以致然也。又北斗第二第三第四星，明不如常。第二曰天璇，后妃之象。后妃不得其寵則不明，廣營宮室妄鑿山陵則不明。第三曰天機，不愛百姓，驟興征徭則不明。第四曰天權，號令不當則不明。伏願陛下祗畏天戒，安居深宮，絕嬉戲，禁遊畋，罷騎射，停工作，申嚴號令，毋輕出入，抑遠寵倖，裁節賜予，親元老大臣，日事講習，克修厥德，以弭災變。」疏下禮部，尚書張昇等稱源忠愛。報聞。

迨十月，霾霧時作，源言：「此衆邪之氣，陰冒於陽，臣欺其君，小人擅權，下將叛上。」引譬甚切。瑾怒，矯旨杖三十，釋之。又上言：「自正德二年來，占得火星入太微垣帝座前，或東或西，往來不一，乞收攬政柄，思患預防。」蓋專指瑾也。瑾大怒，召而叱之曰：「若何官，亦學爲忠臣？」源厲聲曰：「官大小異，忠一也。」又矯旨杖六十，謫戍肅州。行至河陽驛，以創卒。其妻斬蘆荻覆之，葬驛後。

楊氏父子以忠諫名天下，爲士論重。而源小臣抗節，尤人所難。天啓初，賜謚忠懷。

盛顒，字時望，無錫人。周斌，字國用，昌黎人。王鑑，太原人。趙文博，代州人。彭烈，峽江人。李人儀，隆昌人。邵銅，閩縣人。鄭冕，樂平人。皆進士，授御史。顒降束鹿知縣；斌，江陰；鑑，膚施；文博，淳化；烈，江浦；人儀，襄陽；銅，博羅；冕，衡山。並有善政。

束鹿徭役苦不均，顒爲立九則法，繼者莫能易。母憂去。服除，民相率詣闕乞還。顒再任，益不用鞭扑。訟者，諭之，輒叩頭不復辯。鄰邑訟不決，亦皆赴訴，片言折之，各心厭去。郊外有隙地，爭來築室居之，遂成市，號爲「清官店」。

斌在江陰，有惠政。民歌曰：「旱爲災，周公禱之甘露來；水爲患，周公禱之陰雨散。」天順七年，先以薦擢開封知府。而顒等至憲宗嗣位，所司以治行聞。帝曰：「諸臣直諫爲權倖所排，又能稱職，其悉予郡。」於是擢顒知邵武；鑑，延安；文博，衛輝；烈，河南；人儀，荊州；銅，溫州；冕，衡州。顒復以任治劇，調延平。巡按御史上顒政績，陝西、湖廣守臣亦上鑑、人儀居縣時治行，皆特賜封誥。

顒累遷陝西左布政使。時三邊多警，歲復洊饑。顒經畫餽餉無缺，軍民悉安。成化十七年召爲刑部右侍郎。居二年，山東旱饑，盜起，改顒左副都御史往巡撫。顒至露禱，大雨霑溉，稿禾復蘇。舉救荒之政，旣振，餘粟尚百餘萬石。又推行九則法於諸府，黜暴除苛，民甚德之。居三年，以老致仕。弘治中卒。

斌，歷廣東右布政使。初去江陰，民立生祠。及自開封遷去，民亦涕泣追送焉。鑑，初爲御史，嘗於左順門面斥中官非禮。中官怒甚，因考察屬都御史蕭維禎去之，維禎不可而止。文博，終巡撫河南右副都御史。烈，廣東左布政使。費廣等無考。

贊曰：直言敢諫之士，激於事變，奮不顧身，獲罪固其所甘心耳。然觀尹昌隆死於呂震；耿通陷於高煦；劉球之斃，陳鑑之繫，由於王振；楊瑄之戍，厄於石亨、曹吉祥；乃至戴綸諫遊獵，陳祚請勤學，鍾同、章綸、廖莊倡復儲，倪敬等直言時事，皆用賈禍。忠臣之志抑而不伸，亦可悲夫。